YT-1300

STAR WARS
ミレニアム・ファルコン
オーナーズ・ワークショップ・マニュアル
[YT-1300編] ライダー・ウィンダム、クリス・リーフ、クリス・トレヴァス【著】 富永晶子【訳】

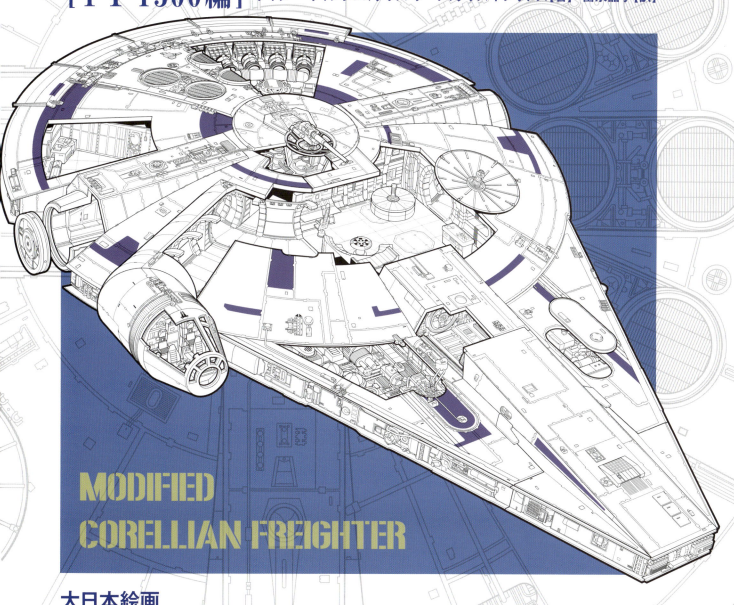

MODIFIED CORELLIAN FREIGHTER

大日本絵画

STARWARS.COM
© 2018 LUCASFILM LTD. & TM.
ALL RIGHTS RESERVED
USED UNDER AUTHORIZATION

All rights reserved. No part of this publication may be reproduced, stored
in a retrieval system or transmitted, in any form or by any means,
electronic, mechanical, photocopying, recording or otherwise, without
prior permission
in writing from the publisher.

Haynes Publishing, Sparkford, Yeovil,
Somerset BA22 7JJ, UK
Tel: +44 1963 442030
Fax: +44 1963 440001
E-mail: sales@haynes.co.uk
Website: www.haynes.co.uk

Printed in Malaysia

HAYNES PUBLISHING
Author Ryder Windham
Illustration Chris Reiff, Chris Trevas
Editor Steve Rendle, with Joanne Rippin and Louise McIntyre
Design Richard Parsons
Licensing Iain Wakefield

LUCASFILM LTD
Executive Editor Samantha Holland
Creative Director of Publishing Michael Siglain
Art Director Troy Alders
Story Group James Waugh, Pablo Hidalgo, Leland Chee and Matt Martin
Asset Management Steve Newman, Gabrielle Levenson, Tim Mapp,
Erik Sanchez, Bryce Pinkos, Nicole LaCoursiere, and Kelly Jensen

STAR WARS YT-1300 MILLENNIUM FALCON
Owners' Workshop Manual

Haynes

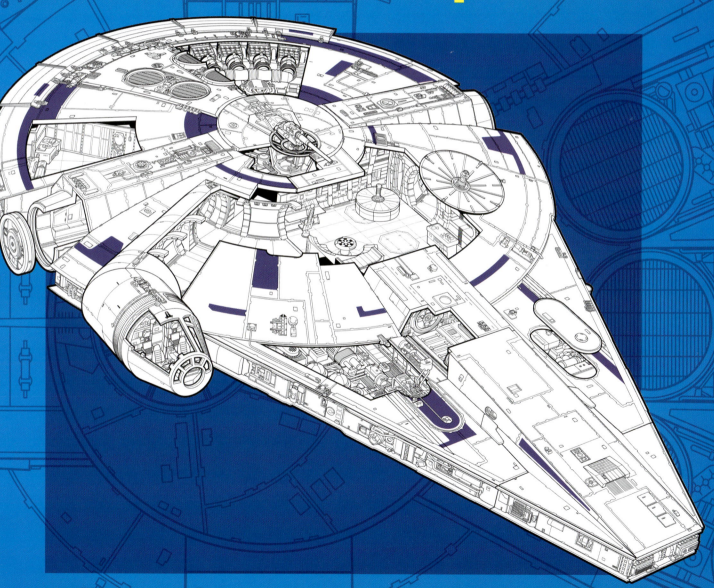

Modified Corellian Freighter

Ryder Windham, Chris Reiff and Chris Trevas

YT-1300 コレリアン貨物船

目次

コレリアン・エンジニアリング社とYTシリーズの歴史　　6

YT-1000輸送船	8
YT-1300P輸送船	10
YT-1300F輸送船	12
YT-1300FP輸送船	14
YT-1300コンフィギュレーション	16
YT-1300オプション	20
インターモーダル輸送船	22
補助艇	23
YT-1200/1210/1250輸送船	24
YT-1760小型輸送船	25
YT-1930輸送船	26
YT-2000輸送船	27
YT-2400軽貨物船	28

ミレニアム・ファルコン　　30

運用履歴	32
乗員：ランド・カルリジアンとL3-37	34
投影図：ランド・カルリジアンのYT-1300	36
断面図	40
投影図：ハン・ソロのYT-1300	42
乗員：ハン・ソロとチューバッカ	44
投影図：ソロのカスタムYT-1300	46
乗員：ハン・ソロとチューバッカとレイ	50

YT-1300の操舵　　52

コクピット制御装置	54
バルクヘッド制御装置	56
ナビゲーション（航法）・システム	58
ハイパースペース航行	60
YT-1300の操縦方法	62
特殊な操縦法：重力アシスト	64
特殊な操縦法：トラクター・ビームから逃れる	65
特殊な操縦法：複数の敵船を回避する	66
特殊な操縦法：見える状態で"隠れる"	67

YT-1300 コレリアン貨物船

YT-1300の推進システム　　68

ハイパードライブ　　70
亜光速ドライブ　　72
反重力装置　　74
燃料システム　　76

武器および防御システム　　78

レーザー砲　　80
格納型ブラスター砲　　82
偏向シールド　　84
トラクター（牽引）・ビーム　　86
装甲船殻　　88

YT-1300のエンジニアリング・システム　　90

エンジン・ルーム　　92
貨物用エレベーター　　93
テクニカル・ステーション　　94
ハンクス＝ウォーゲル・コンピューター　　96
パワー・コア＆パワー・コンバーター　　98

YT-1300のセンサー　　100

パッシブ・センサー＆アクティブ・センサー　　102
センサー・レクテナ　　104
地形センサー　　106
トランスポンダー・コード　　108

乗員用設備　　110

乗員用キャビン　　112
非常設備　　114
ホロゲーム・テーブル　　116
ドッキング・リング＆ハッチ　　118
搭乗ランプ　　120
脱出ポッド　　122

サイズ比較図　　124

YT-1300 コレリアン貨物船

CORELLIAN ENGINEERING & THE YT-SERIES
コレリアン・エンジニアリング社とYTシリーズの歴史

　銀河で長い歴史を持つ造船企業、コレリアン・エンジニアリング社（CEC）が惑星コレリアの設計者および造船業者により創設されたのは、旧共和国の初期、いまだ勇気ある小型船の船長たちが、命がけでハイパースペースの安全な航路を探索しては宙図に記していた時代だった。CECは宇宙船の建造にかけては銀河でも有数の企業だが、軍用宇宙船の契約が大半を占めるクワット・ドライブ・ヤード社やサイナー・フリート・システムズ社などの主な競合企業とは大きく異なる点がひとつある。設立当時から民間市場にターゲットを絞って様々な開発を行なってきたことだ。

　CECの本社は、きわめて高度な技術を持つ宇宙船設計者、エンジニア、パイロットを多数生みだしてきたコレリア星系にある。その造船施設では探索、戦闘、知的生物や貨物の輸送など広範囲の用途を持つ商業船が建造され、提携企業では、オプションとして付加できる脱出ポッド、武器、防衛システムなど様々なアドオン装置が製造されている。

　自営業者や小規模企業がそれぞれの用途に合わせて容易に改造できる、快速かつ耐久性に優れた宇宙船を建造することで、CECは銀河に不動の評判を築いてきた。なかでも実用性を重視したYGシリーズ軽貨物船は、何世代にもわたり銀河の貿易や商業を支えつづけ、この評判を裏付けている。しかし、購買意欲のある顧客のほとんどがYGシリーズを時代遅れだとみなしていることが様々な統計から判明すると、マーケティング担当の重役陣は設計者や造船職人らとともに、従来よりさらに多様な改造が可能でありながら手ごろな価格に抑えた新シリーズの開発に乗りだした。その結果誕生したのが、YTシリーズである。

　YTシリーズは画期的なモジュラー・デザインを導入し、惑星間輸送産業に革命的な進歩をもたらした。YTシリーズの全宇宙船に共通する特徴は、改造可能な環状主通路を核として、この通路の周囲に放射状にモジュラー・コンポーネントを造り付けるオプションが多数用意されていることだ。最初期のモデルの広いコクピットは船体中央部上面に位置していたが、その後、側面に取り付ける標準オプションが導入された。円盤型の船殻に包まれたYTシリーズの宇宙船は、多種多様なセンサー、スラスター（推進システム）、コンポーネント（構成要素および部品）を装備できるスペースを有している。

　全セクションおよび区画の大量生産が可能であること、大規模な組み替えを要さずとも異なるコンフィギュレーション（配置）に変更できることから、大幅な建造コスト削減を実現し、CECはYTシリーズの市場価格を比較的低く設定することができた。これまでに何千というYTシリーズ輸送船が出荷されたが、まったく同じものはひとつとして存在しない。

　YT輸送船が初めて出荷されてから数十年のあいだには、銀河規模の戦争が何度も起こり、旧共和国が滅びて、銀河帝国、新共和国、ファースト・オーダーなどの新政権が次々に台頭した。そうした戦争の勝敗を左右するきわめて重要な戦いで、個人が所有するミレニアム・ファルコンという名のコレリアン・エンジニアリング社製YT-1300貨物船は、まさに歴史を形作る一助を担ったのである。

◀コレリアのコレリアン・エンジニアリング本社にある古い壁画には、モジュラー構造の貨物船を建造してきた長い社史が描かれている

コレリアン・エンジニアリング社とYTシリーズの歴史

YT-1000輸送船

　革新的と評判の高いコレリアン・エンジニアリング社だが、実はYT-1000輸送船は当初、大胆かつ斬新な宇宙船を造る第一歩とみなされていたわけではなかった。これはYGシリーズから離れる実験的な試みであり、軌道に乗れば同社のバーロッツ級貨物船の代替船にしようという心積もりだったのである。大型のバーロッツ級貨物船は自営業者や一部の惑星防衛軍に根強い人気があるとはいえ、CECの重役および設計者たちはこの鏃形の大型貨物船に、いささか"飽き"がきはじめていたのだ。

　設計者や技術者はYT-1000に新テクノロジーを導入する気満々だった。しかし、設計に関するアイデアは、古いホロ映像に一部だけ残っていたCEC製XS軽貨物輸送船のデータおよび設計図といった過去の宇宙船からもヒントを得ている。CECのXSは重装甲の船殻と半円型の船尾と、船体中央から突き出た細いビューポートのある、太い柱のようなコクピットを船首に据えた貨物輸送船だった。比較的小型の円盤型貨物船に、大型のバーロッツ級貨物船とほぼ同じ積載量を望める可能性を前に、CECの設計者たちは胸をときめかせた。

　この設計実験の結果として生まれたのがYT-1000である。これは亜光速エンジン、クラス3ハイパードライブ、航法コンピューター、基本センサー一式、標準レーザー砲を装備していた。YT-1000の基本モデルは、内部のモジュラー・オプションが限られていたものの、積載量は75メトリック・トン。古代のXS貨物輸送船からヒントを得たコクピットは、船体上面中央部に取り付けられているが、XSの細長いビューポートではなく、バーロッツ級貨物船のコクピット・キャノピーを改良したトランスパリスチール製の大きな窓を有していた。

　評判は上々だったが、顧客のアンケートを検討したCECのマーケティング担当の重役陣は、限定生産が妥当だろうという判断を下した。アンケートでは、ほぼ全員がYT-1000の設計を気に入ったと回答しているものの、価格が少し上がってもモジュラー・オプションの多い大型船を希望するという顧客が大半を占めていたからである。

　こうした顧客の要望に応え、YT-1000に続いてYT-1200とYT-1210が造られた。どちらもコクピットを上面中央から側面に移しただけで、それ以外の技術的進歩はとくに見られなかった。

◀ コレリアン・エンジニアリング社製の古いXS軽貨物輸送船では、中央に位置するコクピットのビューポートは小さかった。CECの設計者はこのXSの設計を参考にしつつ、より大きなビューポートとゆったりしたコクピットを持つYT-1000を作りだした

YT-1300 コレリアン貨物船

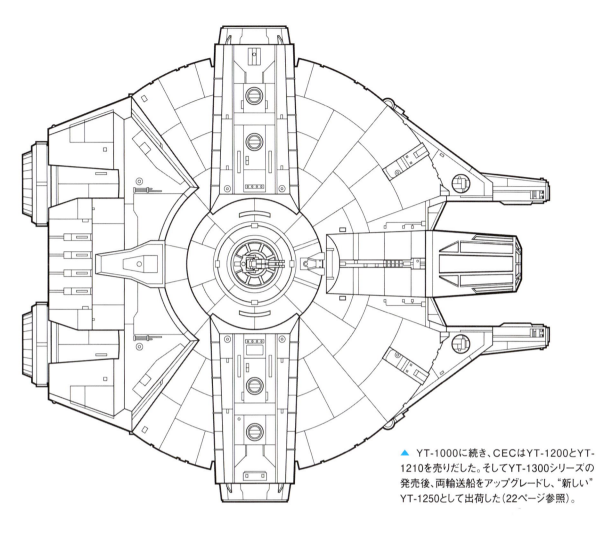

▲ YT-1000に続き、CECはYT-1200とYT-1210を売りだした。そしてYT-1300シリーズの発売後、両輸送船をアップグレードし、"新しい" YT-1250として出荷した（22ページ参照）。

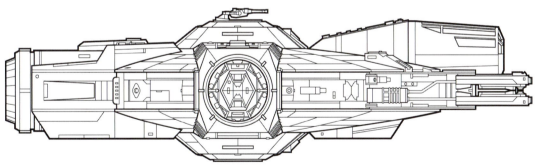

YT-1000の仕様

全長：28 m
最高速度（大気圏内）：時速 740 km（460 マイル）
ハイパードライブ：クラス 3
ハイパードライブ・バックアップ：クラス 16
シールド：装備
ナビゲーション・システム：ナビコンピューター
武装：標準レーザー砲 1 門
乗員：2 名
乗客：4 名
積載量：75 メトリック・トン
航続期間：2ケ月
価格：85,000（中古価格：20,000）

コレリアン・エンジニアリング社とYTシリーズの歴史

YT-1300P輸送船

　数あるコレリアン・エンジニアリング社製輸送船のなかで、適正価格、耐久性、改造が簡単と三拍子揃った設計コンセプトをもっともよく体現しているのがこのYT-1300だ。多くの改造オプションを持つYT-1300はどれひとつとして同じものはないという触れ込みではあったが、最初期にはもっぱらYT-1300fおよびYT-1300pと呼ばれた2種類の標準コンフィギュレーションの建造が主だった。"f"は"貨物（freight）"、"p"は"旅客（passenger）"を表している。fとpは外観もそっくりなら、円盤型の船殻に前部マンディブル（顎）、右舷側のコクピット、1基のレーザー砲という装備も同じだった。内部の標準装備であるクワデックス・パワー・コア、クラス2.0のCEC製アバター10ハイパードライブ、クラス12のバックアップ・ハイパードライブも同じだが、それぞれの宇宙船が所有者の必要性に沿って組み立てられたため、"間取り"は大幅に異なる。

　YT-1300pの内部コンフィギュレーションは、最低限の船倉と、3つの乗客用キャビン・モジュールから成る。貨物を収納する場所は、貨物積み込み室の隣にある唯一の船倉に限られる。各乗客用キャビンには寝台が3つ、小型リフレッシャーと収納場所がひとつずつある。天井が傾斜しているため船体中央から最も離れた寝台上の空間は狭かったが、残りの寝台は変換キットで二段ベッドになり、各キャビンにつき5名のベッドを提供可能だ。エンジニアリング・ベイにある乗員用宿泊設備にも、同じく二段ベッドに変換可能な寝台がふたつ。主通路を隔てた乗客ラウンジの向かいには、共用リフレッシャーがある。

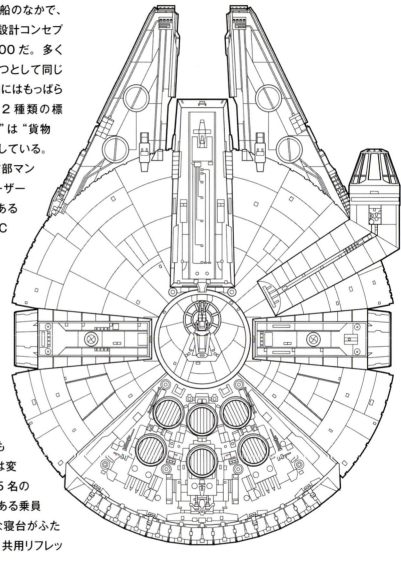

▲ 標準YT-1300pには、左舷および右舷のエアロック両方に上面ハッチが付いている

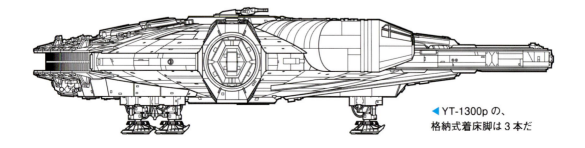

◀YT-1300pの、格納式着床脚は3本だ

YT-1300 コレリアン貨物船

YT-1300pには、搭乗ランプの代わりに左舷および右舷からパッセージ・チューブ（通路チューブ）の下に伸ばせる引き込み式の搭乗梯子がある。この梯子を上がれない乗客は、エンジニアリング・ベイにあるエレベーター経由で搭乗可能だ。搭乗梯子を"床"の位置まで上げるとデッキと同じ高さになり、乗客はその上を支障なく歩くことができる。環状通路とはハッチで隔てられているため、通路チューブはエアロックにもなる。

通路チューブの最外端にはクラス6の脱出ポッドが1機、エンジニアリング・ベイにあるハッチの下には1名用脱出ポッドが5機、装備されている。

◀ 変換キットにより19名分のベッドを作れるとはいえ、YT-1300pに標準装備されている脱出ポッドは乗員を含め17名分のみである

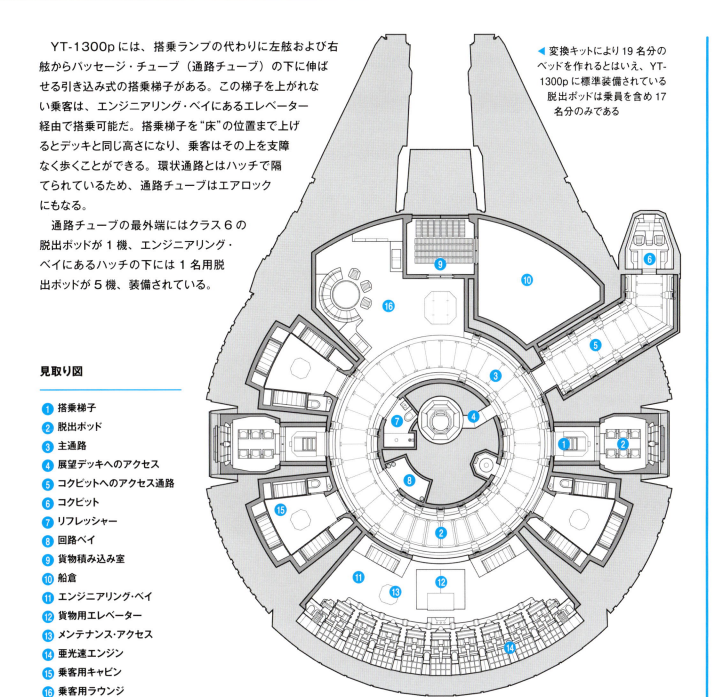

見取り図

1. 搭乗梯子
2. 脱出ポッド
3. 主通路
4. 展望デッキへのアクセス
5. コクピットへのアクセス通路
6. コクピット
7. リフレッシャー
8. 回路ベイ
9. 貨物積み込み室
10. 船倉
11. エンジニアリング・ベイ
12. 貨物用エレベーター
13. メンテナンス・アクセス
14. 亜光速エンジン
15. 乗客用キャビン
16. 乗客用ラウンジ

YT-1300Pの仕様

全長：34.75m
最高速度（大気圏内）：時速800km（時速500マイル）
ハイパードライブ：クラス2
ハイパードライブ・バックアップ：クラス12
シールド：装備
ナビゲーション・システム：ナビコンピューター
武装：標準レーザー砲1門
乗員：2名
乗客：9-15名
積載量：25メトリック・トン
航続期間：2ヶ月
価格：100,000（中古価格：25,000）

コレリアン・エンジニアリング社とYTシリーズの歴史

YT-1300F輸送船

　YT-1300pとは正反対のコンセプトを持つYT-1300fは、船倉モジュールの数が多く、乗員の宿泊設備を最低限に抑えるというコンフィギュレーションになっている。また標準積載量がYT-1300pの4倍であるため、その重量を支えるために船体構造を強化し、格納式着床脚も2本増やして5本とした。マンディブル部の先端内側に内蔵された、YT-1300pよりも強力な工業用荷役装置であるローディングアームとトラクター・ビーム・プロジェクター（牽引ビーム投射装置）により、貨物を直接、貨物積み込み室に積載することができる。積み込み室には、主船倉と前部船倉それぞれに通じるハッチが向かい合って設置されている。また、船体後部にあるエンジニアリング・ベイの向かいにもふたつ、船倉がある。主船倉には、二段ベッドとしても使える隔壁に造り付けの寝台ふたつとリフレッシャーからなる標準乗員宿泊設備が備わっている。

　船体両側の通路チューブには、左舷および右舷のドッキング・リングと搭乗ランプで簡単にアクセスできる。各通路チューブは安全ハッチを用いてエアロックとしても使用可。非常時に備え、エンジニアリング・ベイのデッキに設けられたハッチの下には、1名用脱出ポッドが5機用意されている。エンジニアリング・ベイの下には、姉妹船であるYT-1300pより大きな積載量に対応する油圧システムを備えた貨物用エレベーターがある。

　YT-1300f、YT-1300pともに、船体上面もしくは下面から伸びる中央通路チューブがあり、その内部には端から

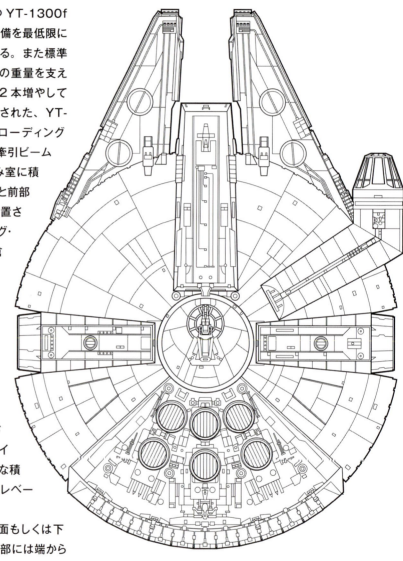

▲ 標準YT-1300fには上面ハッチはないが、変換キットを使ってオプションでハッチを設けることも可能

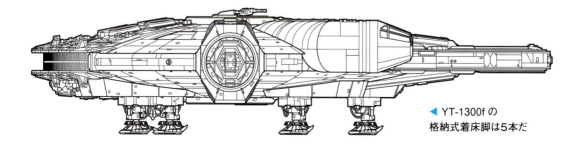

◀ YT-1300fの格納式着床脚は5本だ

YT-1300 コレリアン貨物船

端まで梯子が造り付けられ、両端にはトランスパリスチール製の窓がある。"展望デッキ"と呼ばれるこれらの窓からは宇宙船の上下を広く見晴らせるだけでなく、内蔵された重力補正機のおかげで、乗員乗客は方向感覚を失わずに各窓の内側を自在に移動できる。

　YT-1300fの内装はYT-1300pの内装より実用性重視だが、異なる惑星出身の搭乗者がそれぞれ快適に過ごせるように、全YTモデルに対応できる形や機能が変換可能なモジュラー家具や寝台が各種用意されている。当然ながら、睡眠をとらない搭乗者は寝台をほとんど（まったく）必要としないため、その分のスペースを船倉として使うことができる。

◀ 重い貨物を積み込むスペースはたっぷりあるが、1名用脱出ポッドが5機しか備わっていないため、標準YT-1300fの乗員は必然的に少人数に限られる

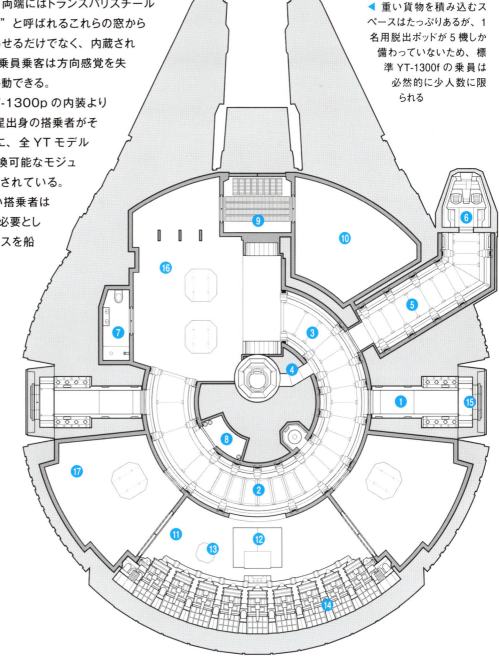

見取り図

1. 搭乗ランプ
2. 脱出ポッド（デッキの下）
3. 主通路
4. 展望デッキへのアクセス
5. コクピットへのアクセス通路
6. コクピット
7. リフレッシャー
8. 回路ベイ
9. 貨物積み込み室
10. 船倉
11. エンジニアリング・ベイ
12. 貨物用エレベーター
13. メンテナンス・アクセス
14. 亜光速エンジン
15. ドッキング・リング
16. 主船倉
17. 寝台

YT-1300Fの仕様

全長：34.75 m
最高速度（大気圏内）：時速800 km（時速500マイル）
ハイパードライブ：クラス2
ハイパードライブ・バックアップ：クラス12
シールド：装備
ナビゲーション・システム：ナビコンピューター
武装：標準レーザー砲1門
乗員：2名
乗客：6名
積載量：100メトリック・トン
航続期間：2ケ月
価格：100,000（中古価格：25,000）

コレリアン・エンジニアリング社とYTシリーズの歴史

YT-1300FP輸送船

　YT-1300fとYT-1300pはどちらも人気があったが、CECはほどなく、顧客の多くがモジュールを改造し、バランスのよい貨物用スペースと乗客用スペースを作りだしていることに気づいた。そこで顧客が求める機能的バランスを自分たちなりに解釈したコンフィギュレーションを追求し、これをYT-1300fpとした。

　YT-1300fpの際立った特色は、搭乗ランプをひとつにして右舷側に取り付け（コクピット通路へ迅速に達するため）、主船倉を広くして乗員用キャビンと調理室付きの小さなラウンジを設けたことだろう。YT-1300f同様、搭乗ランプは引き込むと右舷ドッキング・チューブに至る通路チューブの床となった。搭乗ランプ、工業用貨物積み込み室、トラクター・ビーム投射装置、貨物用エレベーターはすべてYT-1300fと同じタイプで、乗員用キャビンにはYT-1300pの既存モジュールが使われた。YT-1300fpパッケージには、より強力なジャイロダイン社製亜光速エンジンとエネルギー・シールド、最新鋭のルビコン・ナビコンピューター、クワデックス・パワー・コアを含む新たな標準装備が採用された。

　YT-1300fpは大ヒットとなり、短期間で広く普及したため、まもなくYT-1300の"ストック（基本）モデル"と呼ばれるようになった。この平凡な呼び方と、CEC認定販売代理店の一部が"基本モデル"の交換部品を取り扱っていたという事実にもかかわらず、CECは基本モデルを一隻として市場に出したことはなく、個々の宇宙船は造船所出荷前に各顧客の必要に応じて装備を変更されるため一隻として完全に同じものはないという事実を売りにしていたことを指摘しておく。やがてこうしたコンフィギュレーションによる名称の区別はされなくなったとはいえ、

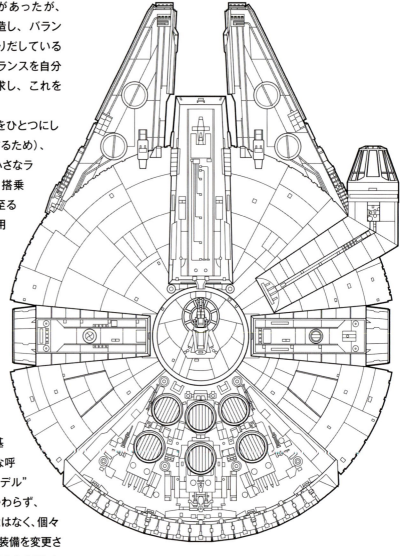

▲ 標準仕様のYT-1300fpには、左舷エアロックに上面ハッチがひとつある

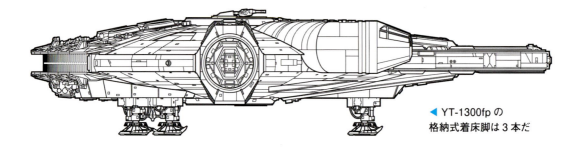

◀ YT-1300fpの格納式着床脚は3本だ

YT-1300 コレリアン貨物船

一部の販売代理店や造船職人はいまだにYT-1300fpを YT-1300の基本モデルと呼びつづけている。

そんな大人気のYT-1300fpにも短所がひとつあった。1機しかないクラス6の脱出ポッドが左舷側の通路チューブの端に設置されていたことである。反対側の右舷チューブの端に設置したほうがコクピットから素早くたどり着けるとあって、銀河共和国の安全基準局も、それを引き継いだ帝国海軍の担当官も、この理由を問いただした。これに対しCECは、ほとんどの搭乗者はたいていラウンジや乗員用キャビンに集まっているので、現行の脱出ポッドの位置のほうが実用的だと主張し続けている。

見取り図

1. 搭乗ランプ
2. 脱出ポッド
3. 主通路
4. 展望デッキへのアクセス
5. コクピットへのアクセス通路
6. コクピット
7. リフレッシャー
8. 回路ベイ
9. 貨物積み込み室
10. 船倉
11. エンジニアリング・ベイ
12. 貨物用エレベーター
13. メンテナンス・アクセス
14. 亜光速エンジン
15. ドッキング・リング
16. 乗員用キャビン
17. 乗員用ラウンジ

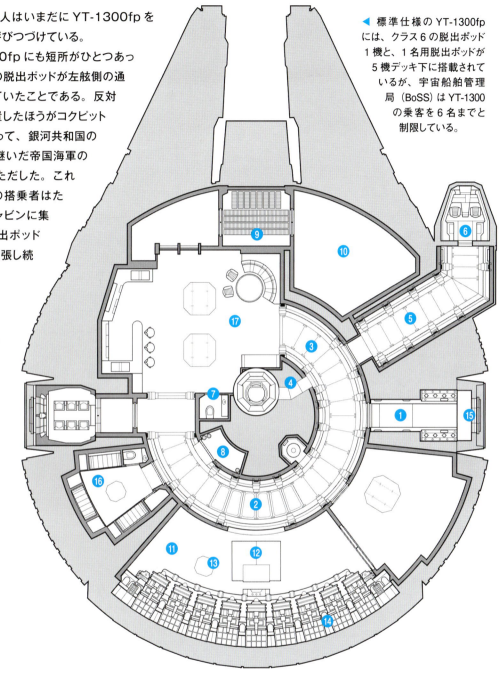

◀ 標準仕様のYT-1300fpには、クラス6の脱出ポッド1機と、1名用脱出ポッドが5機デッキ下に搭載されているが、宇宙船舶管理局（BoSS）はYT-1300の乗客を6名までと制限している。

YT-1300FPの仕様

全長：34.75m
最高速度（大気圏内）：時速800km（時速500マイル）
ハイパードライブ：クラス2
ハイパードライブ・バックアップ：クラス12

シールド：装備
ナビゲーション・システム：ナビコンピューター
武装：標準レーザー砲1門
乗員：2名

乗客：6名
積載量：100メトリック・トン
航続期間：2ヶ月
価格：100,000（中古価格：25,000）

15

コレリアン・エンジニアリング社とYTシリーズの歴史

YT-1300コンフィギュレーション

　ほとんどのYT-1300のコクピットは船体の右舷側に突きだしているものの、左舷側や船体中央（通常はマンディブル間の真上に突きだす形）、その他の位置に取り付けることもできる。一方、コクピットがどこにもないように見えるコンフィギュレーションのYT-1300もある。いわゆる"埋め込み型"コクピットと呼ばれるこのオプションでは、コクピットは重装甲された船殻に守られ、窓もビューポートは一切なく、パイロットは多様な視覚センサーのみを頼りに航行する。

　YT-1300の熱心な愛好家のなかにはいくつかのコンフィギュレーションを"基本モデル"だと勘違いしている者もいるが、もっと厄介なのは船体の全長に関する矛盾が広まっていることだ。CECがYT-1300の建造を開始してからまもなく、船体キール（竜骨）の長さに関する不正確な数字が公式な等級区分文書に掲載され、間違った情報が銀河の様々な宇宙港に送られた。おそらくCECもしくは宇宙船舶管理局（BoSS）で働く秘書ドロイドの不具合のせいだろうとこの誤りを大目に見る監督官もいれば、競争の激しい造船業界ではよくあるライバル社を欺く誤情報とみなす監督官もいた。少数の業界関係者は、CECが前部マンディブルをデザインに組みこむまえにYT-1300の全長を推定し、BoSSに提出したのだろうと推察した。パイロットは小さすぎるドッキング・ベイに誘導されて初めて、この間違いに気づくことが多かった。

　銀河に出回っている様々なYT-1300の概略配置図がCEC公認のものではないこと、さらにそうした配置図が標準仕様の宇宙船の船内レイアウトとは大幅に異なっていることがわかると、整備の面でも問題が生じた。これらの配置図のなかには顧客の注文に応じてCECが基本設計を変更したさいの実際の設計をもとにしたものもあったが、製造までいかずに却下されたレイアウトも含まれていた。実際、設計の初期段階で、複数の産業スパイが造船所のオフィスからプロトタイプの平面図と縮尺模型を何種類か盗みだしたことが判明している。闇市を通して広範囲に散らばったこれらのプロトタイプ平面図にはCECの公印があったため、多くの人々が実際の宇宙船の概略配置図だと思いこんだに違いない。

　公共サービスの一環として、CECは「同社で認定されたYT-1300輸送船のバリエーション」と「無認可のレプリカ」を区別するため、次のような概略配置図を提供している。

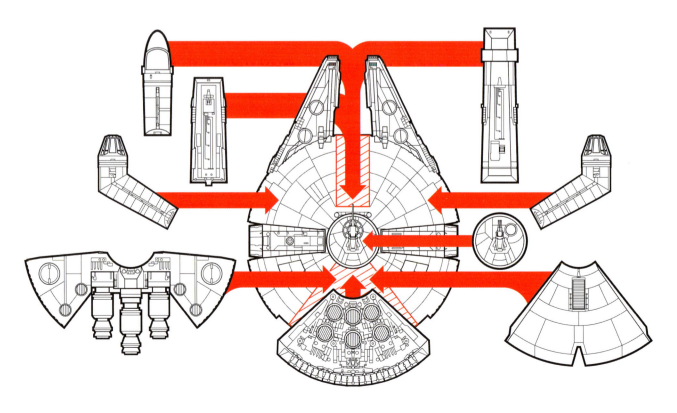

YT-1300 コレリアン貨物船

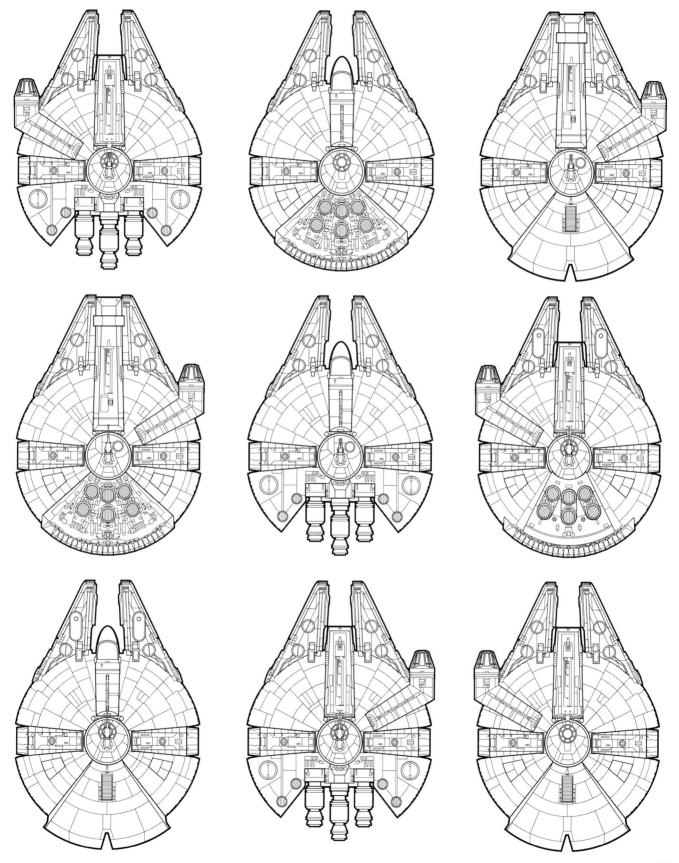

コレリアン・エンジニアリング社とYTシリーズの歴史

　YT-1300の標準オプションには耐久性の高い装甲船殻と改良されたシールド投射装置が含まれている。このオプションでは、装甲船殻の重量によりスピードおよび操縦性が落ち、積載量も減る代わりに、きわめて過酷な環境のもとでも航行可能となる。追加重量を支えるためには、5本の着床脚を取り付ける必要がある。
　完全装甲されたYT-1300にはトランスパリスチール窓がないため、船殻内に隠された制御ステーションがコクピットの代わりとなり、搭載された強力なセンサー装置が周囲の宇宙空間に関するデータや画像を乗員に送る。このYT-1300の展望デッキには、通常のビューポートではなく、赤外線や紫外線など異なる光スペクトルに対応する不透明のオプティカル・センサー・ドームが備わっている。砲塔（ターレット）には周囲の状況や標的をはっきり確認できる巨大なビュースクリーンが装備されている。

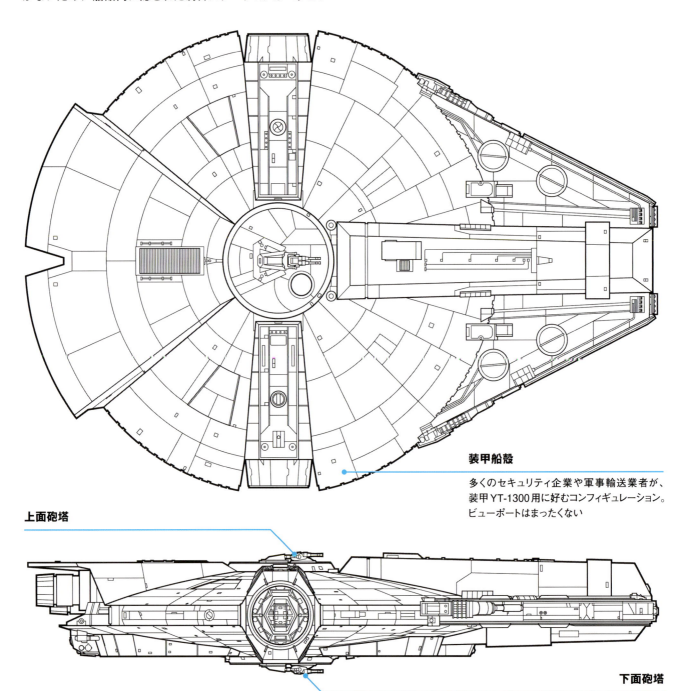

装甲船殻
多くのセキュリティ企業や軍事輸送業者が、装甲YT-1300用に好むコンフィギュレーション。ビューポートはまったくない

上面砲塔

下面砲塔

YT-1300 コレリアン貨物船

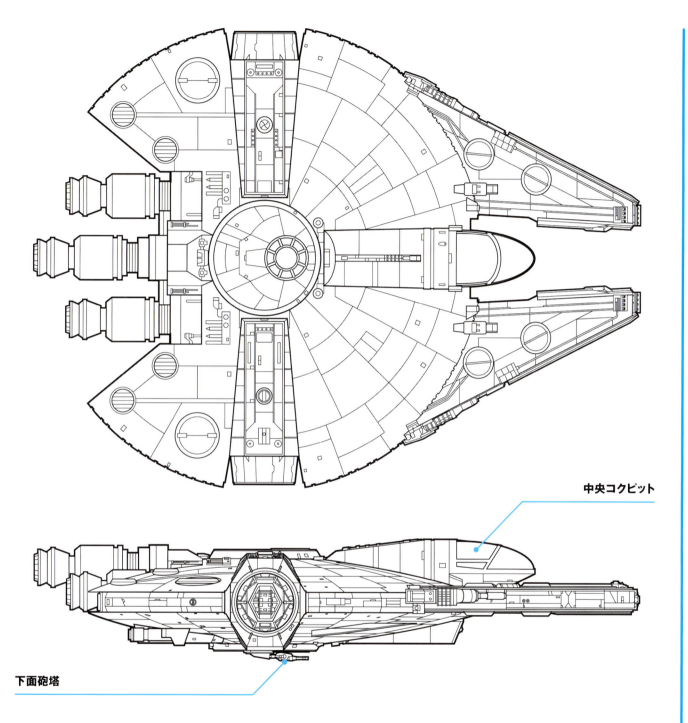

中央コクピット

下面砲塔

　2基ないし3基のシリンダー型エンジンを搭載するYTシリーズの初期モデルとは異なり、YT-1300は"ワイド・バー"と呼ばれるエンジンを搭載している。ワイド・バーはより大きな推力をもたらすだけでなく、複数の操舵フラップにより、かつてない機動性を発揮できる。しかし、制御機能の発達したこのエンジン・システムに対応できないか、対応する気のないパイロットのために、代替オプションとしてシリンダー型エンジンを搭載するオプションも用意されていた。

　YT-1000に似た広い視界を確保できる中央配置型コクピットもオプションのひとつだ。このコンフィギュレーションでは、前方射撃のさいビームでコクピットを壊したりキャノピーの窓を焦がしたりしないように、砲塔を船体下面か、船体上面の船殻よりも高い位置に取り付けることが望ましい。

19

コレリアン・エンジニアリング社とYTシリーズの歴史

YT-1300オプション

追加の貨物スペースが必要な場合は、船殻上面に複数のカーゴ（貨物）・ポッドを取り付けることもできる。最も人気があるのは、使い勝手と耐久性を重視した5つのシェルから成るカーゴ・ポッド・システムだ。これで船体上面の半分以上を環状に覆えば、総積載量をほぼ倍にできる。これらのポッドはトラクター・ビームで設置もしくは撤去可能で、上部から簡単にアクセスできる。各標準ポッドは密閉されているが、生命体を運ぶようには設計されていない。

積載量を増加する場合は、実際にカーゴ・ポッドを追加するまえに既存のエンジンをより強力なものにアップグレードする必要があるかどうかを考慮しなければならない。また、ポッドを上面に取り付けるにはシールド、センサー、火器を船体下

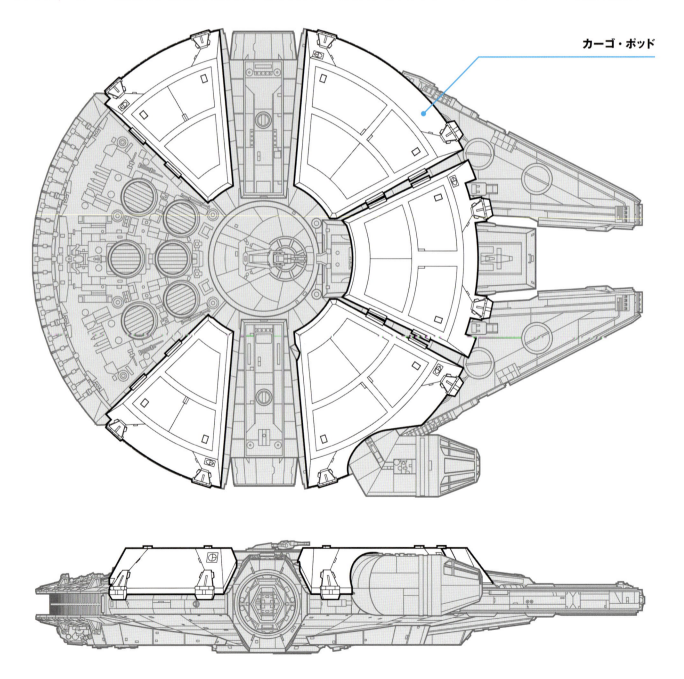

カーゴ・ポッド

YT-1300 コレリアン貨物船

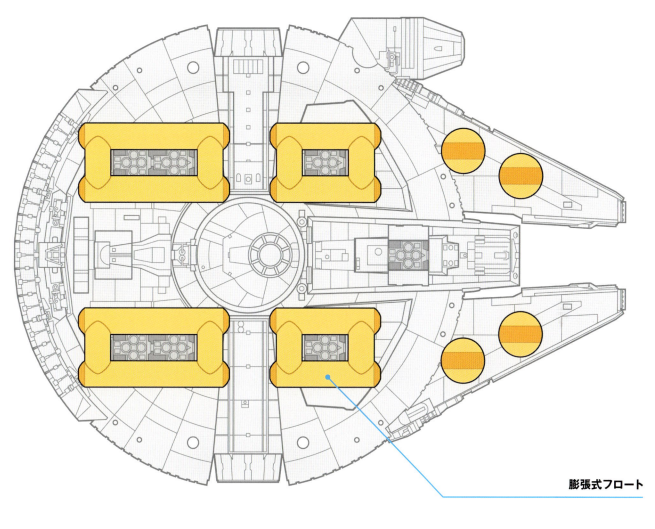

膨張式フロート

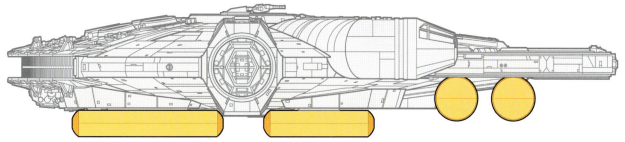

部に移す必要がある。
　固定型あるいは膨張式フロートを取り付ければ、水上に着陸することもできる。もっぱら水の惑星間を往復し、水上着陸を頻繁に行う商業船のパイロットは、ほとんどが固定式フロートを好む。膨張式フロートは、専用タンクの圧縮ガスを使うか、ランディング（着陸）・ジェットを改造して大気あるいは圧縮ガスを流しこんで膨らますことができる。4つの長方形のフロートが船の着床脚を囲み、残り4つの円形フロートがマンディブル部分を水面から押しあげる。
　フロートは宇宙船を水面に浮かせる実用的な方法だが、適切に整備されたYT-1300であれば、フロートなしでも、水面への緊急着陸、水上停留、水面からの離陸などの操作が可能である。

コレリアン・エンジニアリング社とYTシリーズの歴史

インターモーダル輸送船

　コレリアン・エンジニアリング社が改造可能な貨物船を造る価値を理解しているのと同様に、造船会社は定期的に、さまざまな構造や輸送、貯蔵や保管に多くのオプションを提供するモジュラー貨物コンテナを造りだしている。宇宙空間でも大気圏でも、作業を行う乗員が、YT-1300のローディングアームを使って貨物を直接積み下ろしできるよう、マンディブル部は多様なインターモーダル輸送コンテナに固定することができる。磁気固定装置付きのコンテナであれば、パイロットがコンテナの端を次々に連結して実質的に貨物列車のような形状に変え、YT-1300でそれを押すことも牽引することも可能だ。この方法を用いれば、船倉が満載でも、さらに大量の貨物を輸送することができる。

　YT-1300は通常、インターモーダル輸送のコンテナを押して宇宙港や輸送レーンを亜光速航行するときに使われるが、コンテナに専用のエネルギー・シールドとスラスターを取り付ければ、トラクター・ビームとリパルサー・リフト・テクノロジーを組み合わせ、ハイパースペースおよび大気圏内の両方で貨物を運ぶこともできる。しかし大気圏内で貨物を押す場合にはほぼ常に重力の問題が生じ、飛行の安定性だけでなくコンテナの構造自体も危険にさらされるため、YT-1300がコンテナ輸送に使われるのは、軌道の宇宙港を行き来する場合が多い。

1. 船体側面に取り付けられたコクピット
2. マンディブル・ノッチ
3. インターモーダル輸送コンテナ
4. コンテナ台
5. 固定クランプ
6. 運搬用平台
7. タンカー・コンテナ
8. 貨物積み込み用外部作業艇(F-LER)

▼ より長い貨物コンテナの前部に補助艇を取り付け、誘導することも可能だ

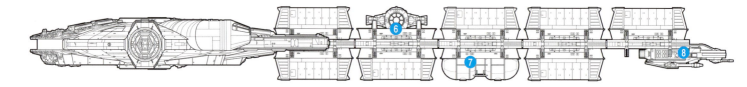

YT-1300 コレリアン貨物船

補助艇

F-LER

　YT-1200とYT-1210の注文数が思ったより伸びないと、CECは小型牽引船で売れ残った宇宙船を軌道アセンブリ施設に移し、アップグレードして"新しい"YT-1250として販売した。YT-1200を率いて宇宙空間を横切る牽引船を見て、CECの宇宙船設計士ティー・リフルは、YT-1300の貨物積み込み室のすぐ前、マンディブルのあいだにぴたりとはまる小型宇宙船のアイデアを思いつく。これが貨物積み込み用外部作業艇、略してF-LERの開発につながった。F-LERは宇宙空間でも大気圏内でも使える貨物作業艇である。CECのマーケティング部では、YT-1300のオーナーがF-LERでマンディブル間の"ギャップを埋めたがる"にちがいないと予測したが、これを使うとYT-1300の貨物積み込み室に直接アクセスができなくなることから、商業船のパイロットのほとんどがF-LERを非実用的だとみなした。CECは大半のF-LERを廃棄したため、コレクターたちのあいだでは現在この牽引船は非常に貴重とされている。

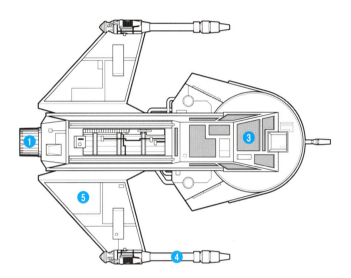

① スラスター　　④ レーザー砲（2門、オプション）
② ドッキング・ハッチ　⑤ スタビライザー（2基）
③ コクピット・キャノピー　⑥ ハープーン・ガン＆牽引ケーブル

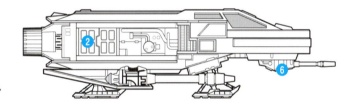

YTダート

　CEC自体はF-LERの市場を開拓できなかったものの、CEC公認の提携企業のうち数社は、軌道アセンブリ施設での需要に応え、YT-1300のマンディブル間にぴたりとはまる小型牽引船の生産を続けた。そのうちのひとつがYTダートだ。細長いビューポート付きの小型のYTダートは、まるで船首の延長のように見えるほどYT-1300の形状にぴたりと合い、船体の凹凸がなくなる。YTダートを購入した想像力豊かなオーナーのひとりが、ビューポートを密閉し、ハイパードライブと馬力のある亜光速エンジンを付けて、操縦可能な2名用脱出ポッドに改造した。このポッドはマンディブルの間にはめこむと、ほぼ完全に船の一部に見えた。

▲YTダートの背面図。
脱出ポッドに改造済み

コレリアン・エンジニアリング社とYTシリーズの歴史

YT-1200/1210/1250輸送船

　YT-1300の発売に先駆け、CECはYT-1200とYT-1210を発表した。外観はほぼそっくりだが、搭載スラスター数が異なる両モデルは、側面に取り付けられたコクピット、船体前部に長く突きでたセンサー搭載ブーム、様々な追加オプションを装着できる10個のアタッチメント・ポイントを備えていた。しかし顧客はYT-1300を好んだため、CECはYT-1200およびYT-1210輸送船の在庫を大量に抱えこむことになった。

　CECは収益を生みだすため、その売れ残りをより強力なエンジンと火器、基本的防御シールド・セットでアップグレードし、"新しい"型式のYT-1250として再度売りだした。このアップグレードの結果、YT-1250は事実上YT-1300よりも耐久性が高くなったものの、基本モデルのYT-1210と比べて貨物積載率が20％減少、アドオン用アタッチメント・ポイントも6個と、通常のYTシリーズの10個より4個少なかった。

　YT-1250の突きでたブームはコクピットの左舷の視界を大幅に遮る——そう批判されると、CECは、パイロットが視界の悪い星雲や濃いガスに覆われた惑星大気のなかも楽に航行できるよう、強化センサーがびっしり取り付けられたブームがある点を強調した。CECはYT-1250を比較的簡単な防衛任務や、危険な領域での輸送、貨物船団を護衛する武装商業船などに適した貨物船だと宣伝した。販売初期の需要こそ伸び悩んだものの、アップグレードされた耐久性を高く評価され、やがてYT-1250は多くの支持者を得た。

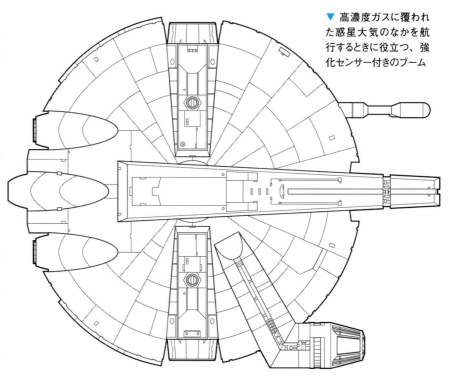

▼ 高濃度ガスに覆われた惑星大気のなかを航行するときに役立つ、強化センサー付きのブーム

▼ 標準仕様のYT-1250には3基、YT-1200には2基のスラスターが搭載されている。

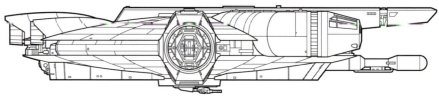

YT-1250の仕様

全長：32.25m
最高速度（大気圏内）：
時速800km（500マイル）
ハイパードライブ：クラス2
ハイパードライブ・バックアップ：クラス16
シールド：装備
ナビゲーション・システム：ナビコンピューター

武装：ダブル・レーザー砲1門
乗員：2名
乗客：5名
積載量：80メトリック・トン
航続期間：3ヶ月
価格：120,000（中古価格：30,000）

YT-1300 コレリアン貨物船

YT-1760小型輸送船

　貨物輸送およびシャトル・シップとして売りだされたYT-1760小型輸送船は、亜光速ドライブの馬力が足りない、小回りが利かない、ハイパードライブのスピードが遅い、といった古いYTモデルに共通する問題を克服すべく設計されていた。残念なのは、これらのアップグレードにより耐久性と貨物積載量が低下したことだ。耐久性を落としたツケは、しばしばメンテナンス・コストの増加という形で跳ね返り、反乱同盟軍が銀河のあちこちで帝国に敵対しはじめるころには、オリジナルのYT-1760が見られるのは屑鉄置き場だけ、という状況になっていた。

　しかし、YTシリーズのファンは問題だらけのYTモデルさえも受け入れる。YT-1760も例外ではなかった。中央に据え付けられたコクピットのおかげで、コクピットが側面に付いたYTモデルよりも視界は良好。しかも大半のパイロットがYT-1760の機動性は抜群だと声を揃える。また、すべてのYT同様に改造がきわめて容易で、長きにわたる所有者はどうすれば最も経済的にアップグレードできるかを熟知している。

　たとえば、限られた貨物スペースの一部に強力なシールド発生装置を取り付けることもそのひとつだ。これで宇宙船が窮地を切り抜けられる確率は大幅に上がる。当初、基本モデルのT-1760には火器は搭載されていなかったが、その後CECは顧客の不満に応えて標準レーザー砲を付け加えた。YT-1300によく似た2基の砲架には、簡単に商業用大型レーザー砲を据え付けることができる。

　YT-1760には比較的小さな貨物積載スペースしかないため、規模の大きな貿易ギルドや輸送会社は食指を動かさなかったが、自営の貿易業者や密輸業者、海賊たちにはいまでも人気がある。

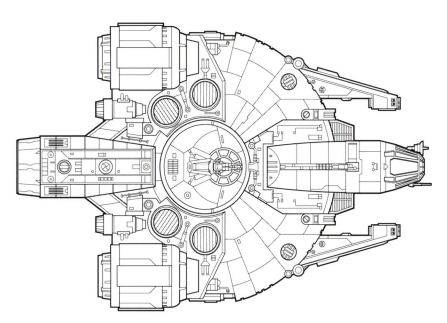

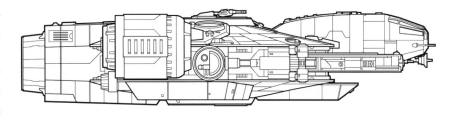

YT-1760の仕様

全長：26.5m
最高速度（大気圏内）：
時速990km（615マイル）
ハイパードライブ：クラス1
ハイパードライブ・バックアップ：クラス15
シールド：装備
ナビゲーション・システム：ナビコンピューター

武装：標準レーザー砲1門
乗員：1名または2名
乗客：8名
積載量：10メトリック・トン
航続期間：2ケ月
価格：80,000（中古価格：20,000）

コレリアン・エンジニアリング社とYTシリーズの歴史

YT-1930輸送船

　船体中央、前部マンディブルの間および上方にコクピットを取り付けたYT-1930は、設計のすべてが新しいわけではないが、YT-1300のバリエーションのなかでは非常に特徴のある型式だといえよう。YT-1930では、シールド発生装置、船殻、亜光速ドライブがすべてアップグレードされている。軽レーザー砲を搭載した基本モデルのYT-1300とは異なり、YT-1930には通常YTの展望デッキの上面窓があるエリアに、中型レーザー砲塔が据え付けられている。

　YT-1930のもっとも目立つ特徴は、船体後部から突きだしたクサビ型のセクションだ。これは機動性を上げるモジュラー型追加パーツに見えるかもしれないが、実際は船体の一部で、船倉として使われる。ほかのYTモデルと比べ、YT-1930は2倍以上の貨物を積載できるばかりか、その積み下ろしも後部セクションにあるハッチから容易に行うことができる。さらに、後部セクションが船全体のスタビライザーとなり、大気圏内飛行中には"自然の"ブレーキの役目も果たす。多くのパイロットが、YT-1930の飛行はそれ以前のYTモデルより安定していると口を揃える。また、1隻のYT-1930は2隻のYT-1300より安価だが、それと同量の積み荷を運べるという経済的な理由から、輸送会社は喜々としてこの船を購入した。しかし顧客のなかにはYT-1930の外観に不満を持つ人々もいた。中央前部に取り付けられたコクピットの視界は、たしかにYT-1300の側面コクピットより広いものの、それにより前部マンディブルの実用性が損なわれるためだ。

　CECは1000隻にも満たぬうちにYT-1930の生産を打ち切り、この船の設計上の改良点をすぐさま後継機のYT-2000に取り入れたため、YT-1930はあっという間に時代遅れとなった。

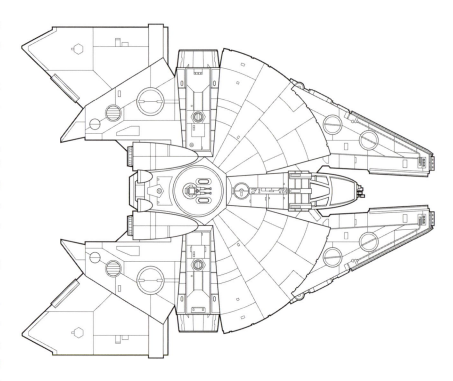

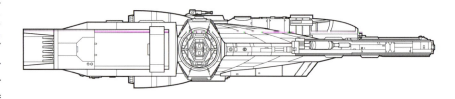

YT-1930の仕様

全長：36.8m
最高速度（大気圏内）：
時速950km（590マイル）
ハイパードライブ：クラス2
ハイパードライブ・バックアップ：クラス12
シールド：装備
ナビゲーション・システム：ナビコンピューター

武装：中型レーザー砲
乗員：2名
乗客：6名
積載量：200メトリック・トン
航続期間：4ケ月
価格：135,000（中古価格：62,000）

YT-1300 コレリアン貨物船

YT-2000輸送船

　CECは、YT-1300を全体的に改良し、成功をおさめたほかのYTモデルの設計コンセプトも取り入れてYT-2000を造った。比較的左右対称のレイアウトだが、標準仕様のYT-1300より15メトリック・トンも積載量が多い。CECが民間用にYT-2000を設計したのは、反乱同盟軍が銀河帝国に反旗を翻して台頭した時期と重なるため、この輸送船には、大半の民間貨物船よりも強力な標準シールドと重火器が装備されている。

　中央に位置したコクピットはYT-1930を彷彿させるものの、YT-2000のコクピットは、良好な広い視界を確保するためマンディブルの前に突きだしている。このコクピットは、YTシリーズのなかで最も大胆かつ革新的な設計のひとつだと言えよう。YT-2000の標準オプション・コクピットは救命艇を兼ねており、非常時に宇宙船本体から離脱できる仕組みになっている。通常は非常時の脱出方法がポッドか補助ビークルに限られており、乗員はコクピットを離れざるをえないが、この設計であればコクピットに留まったまま逃げられる。この点が安全第一の乗員にとって魅力的に映るはずだ、とCECは考えたのである。

　不幸にも、企業スパイがYT-2000の初期設計をライバルの造船会社に漏らしたことが判明し、CECは設計と船のシステムのテストがすべて終わるまえにYT-2000の生産を始めざるをえなかった。この輸送船は、より信頼できるYTデザインよりも"やや扱いにくい"と批評されたものの、大きな貨物積載量、強力な防衛システム、大きさの割に驚くべき機動性を誇るうえに改造が容易、といった優れた特性により、オーナーたちのあいだでは評判がよかった。需要は順調に伸びていたが、CECは早々にYT-2000の生産を停止し、その直後にYT-2400の発売を発表した。

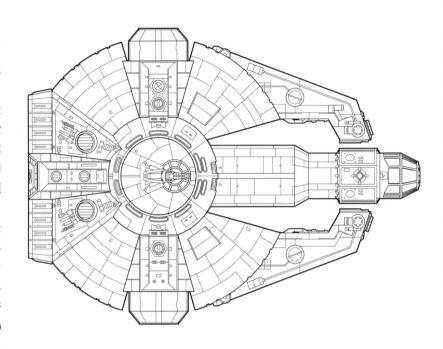

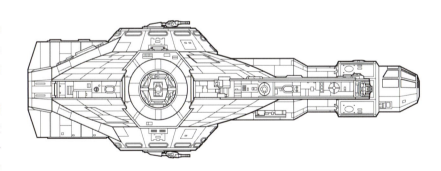

YT-2000の仕様

全長：29.4 m
最高速度（大気圏内）：
時速800 km（500マイル）
ハイパードライブ：クラス2
ハイパードライブ・バックアップ：クラス12
シールド：装備
ナビゲーション・システム：ナビコンピューター

武装：ダブル・レーザー砲2門
乗員：4名
乗客：7名
積載量：115メトリック・トン
航続期間：3ケ月
価格：150,000（中古価格：45,000）

コレリアン・エンジニアリング社とYTシリーズの歴史

YT-2400軽貨物船

　CECにより"貨物輸送船の基本モデル"として設計されたYT-2400には、強化型バルクヘッド・フレーム（隔壁構造）と二重装甲船殻プレートが取り付けられている。後者はアウター・リムの危険な領域でも安全に飛べるように取り入れられた設計だった。YTシリーズの大半と同じように、YT-2400は円盤型の船体というトレードマークを維持しているが、右舷から伸びる2本のアームで船体に固定された独特の筒形コクピット・モジュールが特徴的だ。

　「パイロット1名で楽に操縦可能なYT-1300のすばらしい長所のほとんどを取り入れた、より小型で機動性の高い貨物船」というのがCECの謳い文句だった。YT-2400はYT-1300やほかのCECの船と同じ部品を多数使っているが、フレーム（船体構造）は簡素化され、よりコンパクトだ。比較的小型とはいえ、YT-2400の基本モデルは、標準のYT-1300よりも多くの貨物を積載できる。

　YT-1300とは異なり、YT-2400は標準仕様で強力なシールドと、火器ハードポイントと呼ばれる、火器を懸下して船外搭載する取り付け部が装備されている。標準装備には2門のレーザー砲——上面と下面にそれぞれ1門ずつ——が、コレリア製1Dサーボ砲塔に据え付けられている。合計13もの火器設置ポイントのうち6つは標準仕様コンフィギュレーションで使われているが、残り7つを使って火器を増やすことができる。YT-2400のパワー・コアにはほかのYTモデルと比べてほぼ2倍の出力があり、大型エンジンに対応するだけでなく、追加の火器にも大量のエネルギーを供給可能だ。

　最大6名まで搭乗可能な後部第1脱出ポッドへのアクセスには、コクピット・モジュールから伸びる通路を使う。アーム内にある乗員用キャビンと居住エリアの基本モジュールはほかのYTモデルほど広くないとはいえ、代替モジュールでいくらでも拡張できる。第2脱出ポッドは、第1脱出ポッドの真向かい、円盤部に位置する船倉内にある。

　YT-2000とYT-2400が発売される頃には、CECの顧客層の大半はYT-1300で人気を博したワイド・バー・エンジンを受け入れ、総じてこれを好むようになっていた。YT-2000とYT-2400には、シリンダー型エンジンは標準オプションに入っていないが、どちらの貨物船もCEC公認の改造キットを使えば、このエンジンを装着できる。

◀惑星タトゥイーンを離れていくYT-2400軽貨物船、アウトライダー

YT-1300 コレリアン貨物船

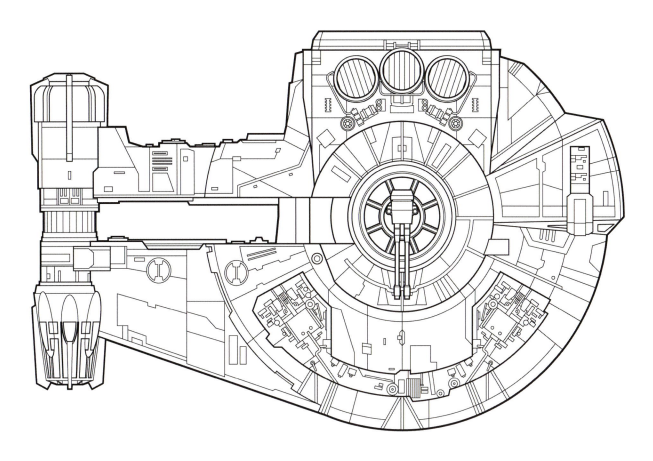

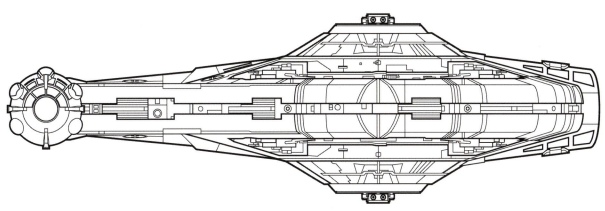

YT-2400の仕様

全長：18.65 m
幅：28.5 m
最高速度（大気圏内）：時速800 km（500マイル）
ハイパードライブ：クラス2
ハイパードライブ・バックアップ：クラス12

シールド：装備
ナビゲーション・システム：ナビコンピューター
武装：砲架に据え付けられた
2連レーザー砲2門
乗員：3名

乗客：6名
積載量：150 メトリック・トン
航続期間：2ケ月
価格：130,000（中古価格：32,000）

YT-1300 コレリアン貨物船

THE MILLENNIUM FALCON
ミレニアム・ファルコン

クレイトの戦い後に発令されたファースト・オーダーの通知

　ファースト・オーダーは、レジスタンスの諜報員を乗せたCEC製YT-1300軽貨物船、ミレニアム・ファルコンを捜索中。搭乗者には、レジスタンスのレイア・オーガナ将軍と脱走したストームトルーパー、FN-2187も含まれている模様。ファースト・オーダー保安局が収集した情報によれば、ミレニアム・ファルコンの最終登録時の所有者は反乱同盟軍の（故）ハン・ソロ将軍だった。ハン・ソロが改造したため、この軽貨物船は速度、シールドともに強化されているだけでなく、軍用レーザー砲も搭載している。同宇宙船はクレイト星系を飛びたつところを、最後に目撃されている。

　ミレニアム・ファルコンの乗員は、ファースト・オーダーに対する下記の罪状で指名手配されている。

- 最高指導者スノーク殺害の罪
- ファースト・オーダーに対する武力蜂起に直接関与した罪
- 大逆罪
- ファースト・オーダー施設の損壊罪

　ミレニアム・ファルコンの乗員および乗客は、きわめて危険である。この軽貨物船の所在に関して情報を持つ銀河市民は、すぐさま最寄りのファースト・オーダー保安局支部に連絡を入れること。

◀クレイトの戦いでミレニアム・ファルコンを追うファースト・オーダーのTIE・ファイター。

ミレニアム・ファルコン

運用履歴

　ミレニアム・ファルコンは、コレリアン・エンジニアリング社（CEC）製YT-1300f輸送船として造られた。クローン大戦後、銀河共和国から銀河帝国へと政府が移行する時期に生じた宇宙船舶管理局（BoSS）と帝国軍宇宙省の一連の事務的不手際により、宇宙船登録記録の多くがほかに移されるか、抹消された。ファルコンの運用履歴の詳細もこのときに失われてしまった可能性がある。しかし、シリアルナンバーYT492727ZEDは、この輸送船の様々なセクションに刻みこまれている。CECに残っている記録を見るかぎり、コレリアの造船所がYT492727ZEDを建造したのは、スターキラー基地の戦いの90年以上もまえのことだった。最初の所有者は、この輸送船をインターモーダル輸送の牽引船として軌道の貨物場でコンテナを移動させるのに使っていたようだ。

　BoSSに残っているデータは矛盾が多く、一部は解釈不能だが、それによると、YT492727ZEDは未登録の取引を通じて一度ならず所有者もしくは所有会社が変わっている。コレリアとコルサントにある複数の企業と繋がりを持つとされていた正体不明の組織、リパブリック・グループもそのひとつだったようだ。リパブリック・グループは惑星ラルティアでYT492727ZEDをステラー・エンヴォイとして登録している。ホロ・データを見るかぎり、ステラー・エンヴォイには軍用レクテナが取り付けられているが、補助データからは、このレクテナがリパブリック・グループに取り付けられたものか、それ以前の所有者に取り付けられたものか、BoSSの職員がこの取り付けを承認したかどうかさえもはっきりしない。BoSSの記録では、ステラー・エンヴォイはクローン大戦終結後まもなく大型貨物船と衝突し、致命的な損傷を受けて、どこかの回収業者にその残骸を回収されたことになっている。記録によると、その後、廃棄されたYT-1300pのセクションやモジュールを使って、新品同様に修理されたようだ。

　やがてプロのギャンブラーであるランド・カルリジアンが、賭け金の高いサバックのゲームでYT492727ZEDを勝ちとり、ミレニアム・ファルコンという名で登録した。

▶ クローン大戦中、YT 492727 ZEDはリパブリック・グループを表す色に塗られた

▼ ランド・カルリジアンがYT492727ZEDに施した大幅な改造には、なめらかなデュラスチール・プレート（クリス＝アノブルー7255のハイライト入り、アラバスター7791仕上げ）の追加と、ふたつの貨物マンディブルを補助艇発射装置に変えたことも含まれていた

▶ カルリジアンからファルコンを勝ちとったあと、ハン・ソロは船体の外装に関してはほとんど手を加えなかった。このYT-1300をボロ船だと思わせておくほうが彼にとっては都合がよかったのである

YT-1300 コレリアン貨物船

33

ミレニアム・ファルコン

CREW／乗員
ランド・カルリジアンとL3-37

　ランド・カルリジアンは２年かけてミレニアム・ファルコンを修理し、改造し、滑らかなプレートや特注の豪華キャビンほか様々な高価な装備をほどこして、この貨物船を粋なレジャー船に変身させた。ギャンブラーにしてスポーツマン、腕のいいパイロットでもあるカルリジアンは、いついかなるときも注目を浴びたがる男で、数十もの星系で名を轟かせていた。とくにクラウド・シティやカントニカ、アハキスタにある豪華カジノのゲームテーブルでは、彼を知らぬ者はいないといってもよかった。遠く彼方の惑星まで頻繁に旅をする冒険家という触れ込みで、世に知られた活動の多くはすべて合法であったため、帝国軍当局もBoSSもカルリジアンの動向にはほぼまったく無関心だった。お決まりの検閲でファルコンに乗ってくる役人たちは、常に寛大な心づけで感謝を表され、ほくほく顔で船を立ち去ることになった。

　とはいえ、役人たちの知らないうちに、カルリジアンはファルコンのエンジンや様々なセクションを改造していた。名士の顔の裏でこっそり営む密輸業のためである。銀河最大の犯罪

▲ ドロイドの権利を熱心に主張するというエキセントリックなところはあるものの、L3-37は腕のいいナビゲーターだ

◀ ランド・カルリジアンがファルコンに施した大掛かりな改造には、彼の粋なファッション・センスと個人的な好みがよく表れている

▼ ファルコンがクラウド・シティに到着すると、ランド・カルリジアンはハン・ソロ、チューバッカ、プリンセス・レイア・オーガナ、C-3POを出迎えた

▶ カルリジアンはファルコンで反乱軍の仲間を率いて第２デス・スター内に飛びこみ、この帝国軍バトル・ステーションの中央反応炉へと向かった

YT-1300・コレリアン貨物船

シンジケート、クリムゾン・ドーンも彼の得意先のひとつだった。カルリジアンの副操縦士のL3-37は銀河一のナビゲーション・データベースを有するドロイドで、彼にとっては頼りになる相棒でもあった。

　惑星ヌミディアン・プライムで、やはりギャンブラーのハン・ソロというコレリア出身の若者に挑まれ、サバックの勝負を行なったことから、カルリジアンの人生に転機が訪れる。ソロにミレニアム・ファルコンをとられたあと、彼は密輸業から足を洗い、企業家になろうと決意。そのために惑星ロザルに土地を買い、ひそかに希少な鉱物を採掘して、ときおり反乱同盟軍のメンバーと取引をした。そのあいだもギャンブルを続け、やがて帝国の管轄外にあるガス巨星ベスピンの大気圏上空に浮くティバナ・ガス採鉱施設、クラウド・シティの統治権を手に入れる。この都市の執政官となった彼は、帝国とマイニング・ギルドの目を引かぬように気を配りながら採鉱事業を行なっていた。

　しかし、ハン・ソロが反乱同盟軍の仲間を伴い、ファルコンの壊れたハイパードライブを修理しにクラウド・シティにやってきたことから、事態は一変する。クラウド・シティの住民と旅行者の安全を守るため、カルリジアンはその直前にファルコンの乗員を捕らえにやってきた帝国軍とすでに取引していたのだった。まもなく彼はソロたちを助けようと決意するが、賞金稼ぎのボバ・フェットがカーボン冷凍されたソロとともにスレーヴIでクラウド・シティを立ち去るのを止めることはできなかった。

　チューバッカを副操縦士に、カルリジアンはファルコンでソロの救出に向かう。その後エンドアの戦いでもファルコンを巧みに操縦し、帝国の第2デス・スターを破壊する一助を担った。

ミレニアム・ファルコン

| VIEWS／投影図 |
ランド・カルリジアンのYT-1300

右舷図

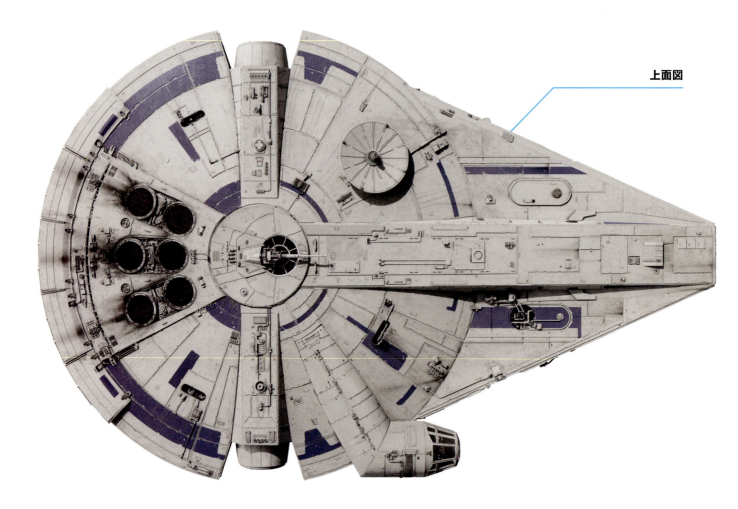

上面図

YT-1300 コレリアン貨物船

YT-1300貨物船を自分の好みに合わせたレジャー船に改造するさい、ランド・カルリジアンは、コレリアン・エンジニアリング社の標準かそれ以上の性能を持つ部品を手に入れるための費用をまったく惜しまなかった。彼はミレニアム・ファルコンこそ自分の最高の功績だと自負している。

左舷図

下面図

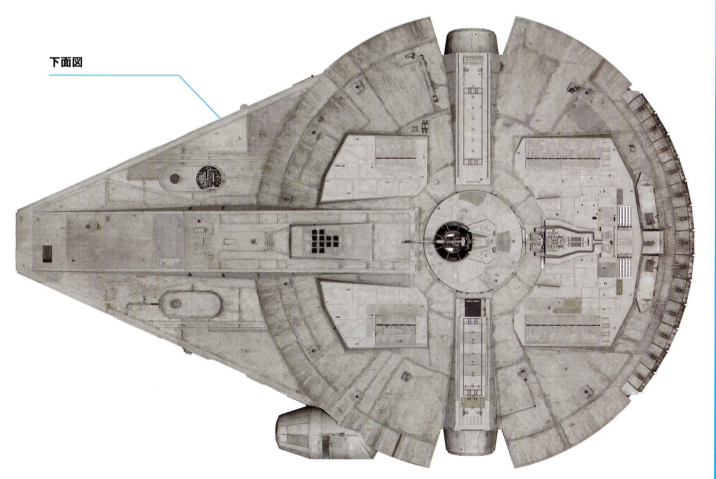

ミレニアム・ファルコン

正面図

背面図

仕様

現在の名称：ミレニアム・ファルコン
メーカー：コレリアン・エンジニアリング社
型式・種別：コレリアン YT-1300 軽貨物船（改造）
シリアルナンバー：YT492727ZED
全長：40.80 m
最高速度（大気圏内）：時速 1,200 km（745 マイル）
ハイパードライブ：クラス 1.0
ハイパードライブ・バックアップ：クラス 10
エンジン：クワデックス・パワー・コアを動力源として稼働するイス=シム社製 SSP05 ハイパードライブ装置（大幅に改造）、ジャイロダイン社製 SRB42 亜光速エンジン 2 基（大幅に改造）

シールド：軍用偏向シールド発生装置
ナビゲーション・システム：マイクロアキシャル HyD モジュラー・ナビコンピューター・バックアップ（改造）付きのルビコン・ナビコンピューター
武装：アラキッド社製トムラル RM-76 重レーザー砲 2 門
乗員：2 名（最小乗員）
乗客：6 名
積載量：100 メトリック・トン
航続期間：2 ケ月
価格：非売品

YT-1300 コレリアン貨物船

見取り図

1. コクピット
2. 補助艇
3. 秘密の仕切り（隠し部屋）
4. トラクター・ビーム投射装置
5. パッシブ・センサー・アンテナ
6. 着陸ジェット
7. 整流板
8. 耐衝撃波フィールド発生装置
9. 偏向シールド投射装置
10. 前部エアロック
11. 前部船倉
12. 第2船倉
13. 生命維持システム
14. 蒸留水タンク
15. 主船倉
16. ホロゲーム・テーブル
17. 寝台
18. エンジニアリング・ステーション
19. メンテナンス・アクセス
20. 秘密の出口ハッチ
21. 重レーザー砲塔
22. クワデックス・パワー・コア
23. 亜空間通信機
24. センサー・アレイ
25. センサー・アレイ制御／解析装置
26. ウォーター・リサイクル・ユニット
27. 左舷エアロック
28. 下面汎用ドッキング・ハッチ
29. 上面ハッチ用リフト
30. 回路ベイ
31. 搭乗ランプ
32. ドッキング・リング
33. 油圧システム
34. 主通路
35. エンジニアリング・アクセス・ラダー
36. 真水タンク
37. 補助冷却システム
38. エンジン・ルーム
39. ハイパードライブ
40. 燃料ポンプ
41. 亜光速エンジン
42. 脱出ポッド・アクセス
43. L3-37の充電ステーション
44. パワー・コンバーターとバッテリー
45. 第3船倉
46. リフレッシャー
47. 乗員用キャビン
48. 幅広の寝台
49. ウォークイン・クローゼット
50. サウンド・システム付きラウンジ
51. ドリンク・バー
52. ワークベンチ（作業台）

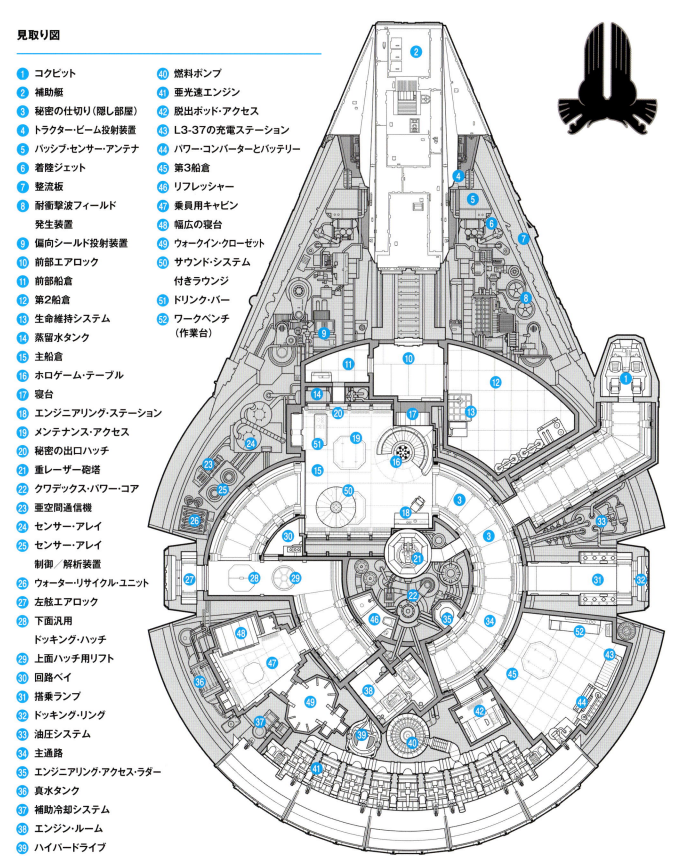

39

断面図

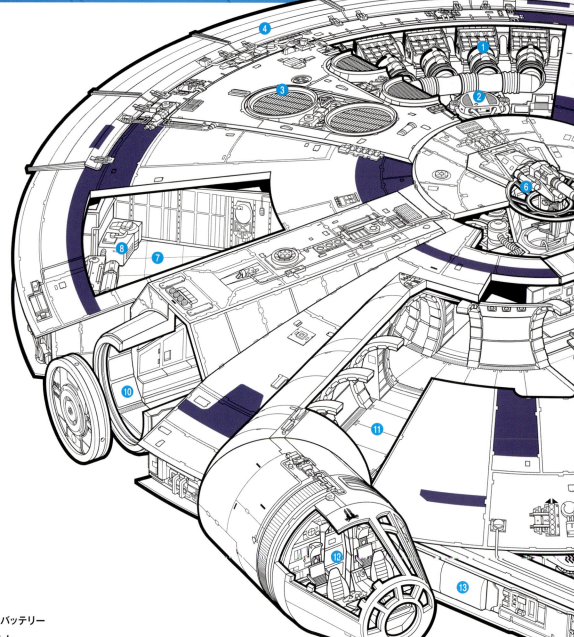

1. 亜光速エンジン
2. ハイパードライブ
3. 排熱口
4. 推力偏向板（プレート）
5. 上面ハッチ
6. レーザー砲
7. 第3船倉
8. パワー・コンバーターとバッテリー
9. メイン・センサー・レクテナ
10. 右舷エアロック
11. コクピットへの通路チューブ
12. コクピット
13. 加速補正機
14. 主船倉
15. サウンド・システム付きラウンジ
16. ホロゲーム・テーブル
17. 寝台
18. ドリンク・バー
19. 偏向シールド投射装置
20. 装甲プレート
21. 偏向シールド発生装置
22. メンテナンス用狭通路
23. 前部エアロック
24. メンテナンス用アクセス・パネル
25. センサー・ジャマー（妨害装置）
26. 着陸ジェット反応物質タンク
27. パッシブ・センサー・アンテナ
28. 積み込み用レール
29. 補助艇
30. 前部投光照明

YT-1300 コレリアン貨物船

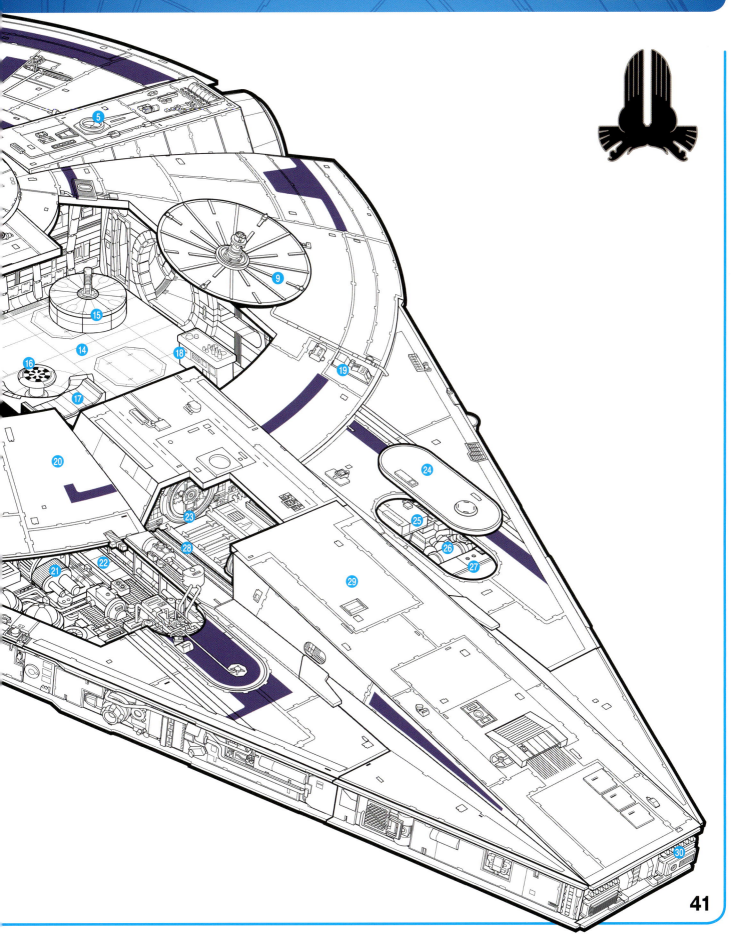

ミレニアム・ファルコン

VIEWS／投影図
ハン・ソロのYT-1300

右舷図

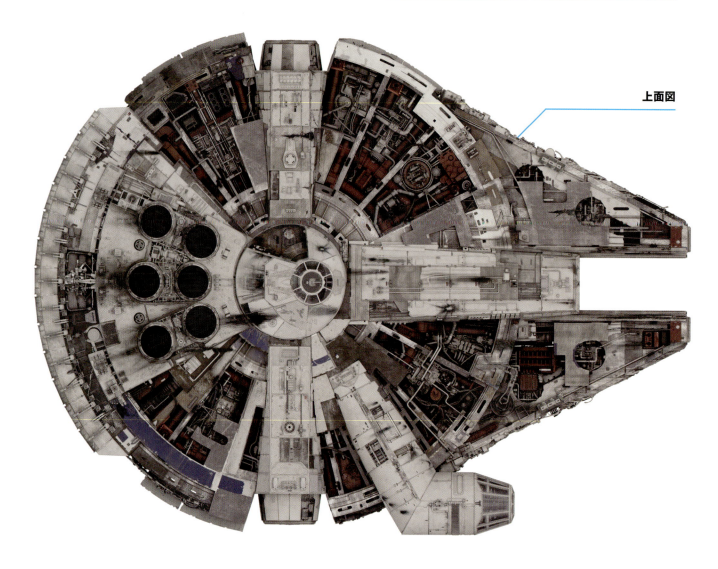

上面図

YT-1300 コレリアン貨物船

ハン・ソロがランド・カルリジアンとの賭けで勝ちとったとき、ケッセル・ランをどうにか生き延びたばかりのミレニアム・ファルコンは、焼け焦げだらけのみすぼらしい船になり果てていた。その後ソロは相棒チューバッカの助けを借りてYT-1300のエンジンをいちから組み立て直したものの、ぼろぼろの外装には最低限必要な修復しか行なわなかった。

左舷図

下面図

ミレニアム・ファルコン

CREW／乗員
ハン・ソロとチューバッカ

コレリア生まれのハン・ソロは、ランド・カルリジアンとは異なり、ギャンブルと快速船の操縦を好むならず者で、政府の権威にはまったくといってもいいほど尊敬の念を持ち合わせていない。しかし、有名人の隠れ蓑の下でこっそり密輸を行なうカルリジアンとは違い、ソロは法に捉われない暮らしを送りながらできるだけ目立たぬよう心掛けてきた。ほとんどの人間を信用せず、何よりも金が大事だと公言しているが、友人に対する忠誠心は人一倍あつい。

独立心旺盛なソロは、銀河を旅し、誰にも従わずに自由に生きていくために自分の宇宙船を手に入れようと心に決めていた。コレリアの造船地区で盗みを働いていた彼は、やがてやむを得ず帝国海軍に加わり、マッドトルーパーとして短期間惑星ミンバンに赴任中、クローン大戦の勇猛な戦士で帝国軍の捕虜となっていた190歳のウーキー、チューバッカと出会い、友情を育む。

ソロとウーキーは力を合わせてミンバンから逃げだし、惑星ヴァンドアでトバイアス・ベケット率いる犯罪者グループの仕事に手を貸す。その後、速い船が必要となったベケットのチームは、ミレニアム・ファルコンの所有者であるランド・カルリ

ジアンを探しだした。

ハン・ソロと、同じく腕のいいパイロットであるチューバッカは、ミレニアム・ファルコンを巧みに操縦し、宇宙空間が歪んでいる危険な重力井戸のなかを通過して帝国軍の戦艦から間一髪で逃れた。しかし、ファルコンの船体と技術システムはこの逃避行で大きな損傷を受ける。その後サバックのゲーム

▲ ヴァンドアに到着したハン・ソロとチューバッカは、ランド・カルリジアンという男が見つかることを願って賭博場に足を踏み入れる

◀ カルリジアンのYT-1300を見あげたハン・ソロは、ひと目でこの船と恋に落ちた

YT-1300 コレリアン貨物船

▲ チューバッカは新たな依頼人であるオビ＝ワン・ケノービ、ルーク・スカイウォーカー、ドロイドの C-3PO と R2-D2 を、モス・アイズリー宇宙港のドッキング・ベイ 94 で待つミレニアム・ファルコンへと案内する

▶ ファルコンの乗員と搭乗者は、帝国が秘密の超兵器デス・スターを使って惑星オルデランを破壊したことを知る

でランド・カルリジアンに挑んだソロは、ポンコツ同然の YT-1300 を手に入れる。

　彼はファルコンに必要な修理を行ない、様々な改造を施したものの、カルリジアンが好んだような豪華船に戻すつもりはなく、装甲プレートがあちこち剥がれたままでも、船体が焦げていても、一向に気にしなかった。カルリジアンは帝国の役人に密輸船だと疑われないよう、ファルコンの外見に多額の金をつぎ込んだ。しかしソロは、YT-1300 が屑鉄置き場行きになりそうに見えれば、もっと目立たずにすむはずだと自信を持っていた。

　アウター・リムで密輸に精をだしていたソロ船長と副操縦士チューバッカは、10 年後、砂漠の惑星タトゥイーンの、ときどき仕事の打ち合わせに立ち寄るモス・アイズリーのカンティーナで、惑星オルデランへ行ってくれる宇宙船を探している年老いた老人と水分抽出農場の若者に出会う。この出会いをきっかけにソロとチューバッカは反乱同盟軍に加わり、帝国と戦うことになった。

45

ミレニアム・ファルコン

VIEWS／投影図
ソロのカスタムYT-1300

右舷図

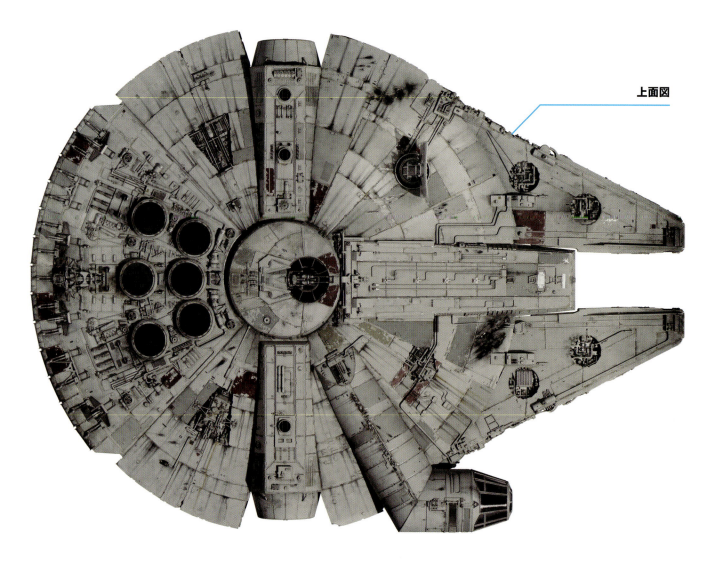

上面図

YT-1300 コレリアン貨物船

ハン・ソロはミレニアム・ファルコンがかろうじて飛んでいるぼろ船だという外観をあえて保ちつづけたが、スピードを上げるためすべての推進システムを改造し、軍用火器を搭載し、装甲プレートで船体を補強した。また、エンドアの戦いで失ったメイン・センサー・ディッシュの代わりに、YT-1300用アンテナの後期モデルを取り付けた。

左舷図

下面図

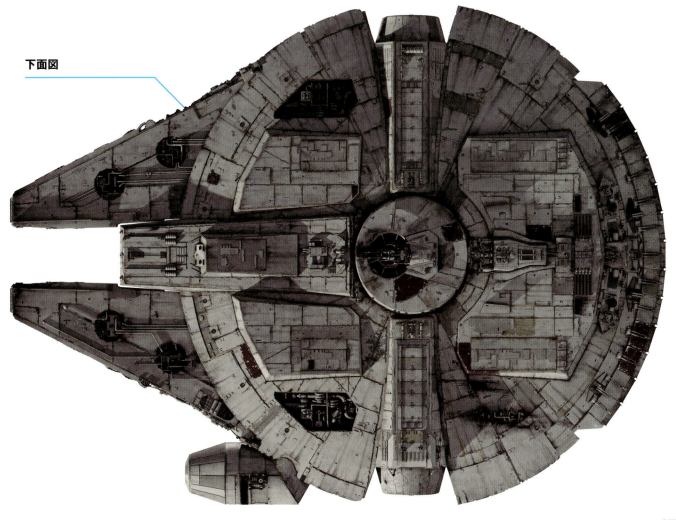

ミレニアム・ファルコン

正面図

背面図

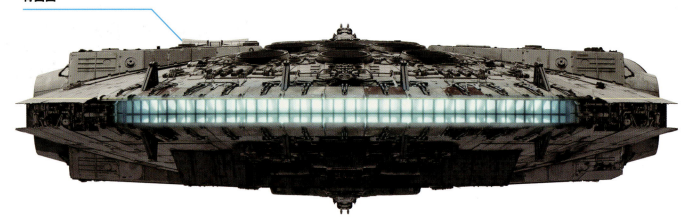

仕様

現在の名称：ミレニアム・ファルコン
メーカー：コレリアン・エンジニアリング社
型式・種別：コレリアン YT-1300 軽貨物船（改造）
シリアルナンバー：YT492727ZED
全長：34.37 m
最高速度（大気圏内）：時速 1,050 km（650 マイル）
ハイパードライブ：クラス 0.5
ハイパードライブ・バックアップ：クラス 10
エンジン：クワデックス・パワー・コアを動力源として稼働する
イス＝シム社製 SSP05 ハイパードライブ発生装置（大幅に改造）、
ジャイロダイン社製 SRB42 亜光速エンジン 2 基（大幅に改造）

シールド：軍用偏向シールド発生装置
ナビゲーション・システム：マイクロアキシャル HyD モジュラー・ナビコンピューター・バックアップ（改造）付きのルビコン・ナビコンピューター
武装：CEC 製 AG-2G 4 連レーザー砲 2 門、
アラキッド社製 ST2 震盪ミサイル発射管 2 門、
ブラステック社製 Ax-108 "グラウンド・ブザー" ブラスター砲 1 門
乗員：2 名（最小乗員）
乗客：6 名
積載量：100 メトリック・トン
航続期間：2 ケ月
価格：非売品

YT-1300 コレリアン貨物船

見取り図

1. コクピット
2. コクピットへのアクセス通路
3. 秘密の仕切り（隠し部屋）
4. トラクター・ビーム投射装置
5. パッシブ・センサー・アンテナ
6. 着陸ジェット
7. 帝国軍敵味方識別応答装置
8. 耐衝撃波フィールド発生装置
9. 偏向シールド発生装置
10. 貨物積み込み室
11. 前部船倉
12. 第2船倉
13. 生命維持システム
14. 蒸留水タンク
15. 主船倉
16. ホロゲーム・テーブル
17. 寝台
18. エンジニアリング（機関）・ステーション
19. メンテナンス・アクセス
20. 銃座アクセス
21. 4連レーザー砲塔
22. クワデックス・パワー・コア
23. 亜空間通信機
24. センサー・アレイ
25. センサー・アレイ・制御／解析装置
26. ウォーター・リサイクル・ユニット
27. 左舷エアロック
28. 下面汎用ドッキング・ハッチ
29. 上面ハッチ用リフト
30. 回路ベイ
31. 搭乗ランプ
32. ドッキング・リング
33. 油圧システム
34. 主通路
35. エンジニアリング・アクセス・ラダー
36. 真水タンク
37. 補助冷却システム
38. エンジン・ルーム
39. ハイパードライブ
40. 燃料ポンプ
41. 亜光速エンジン
42. 脱出ポッド・アクセス
43. ステイシス＝タイプ（静止型）・シールド発生装置
44. パワー・コンバーターとバッテリー
45. 第3船倉
46. リフレッシャー
47. 乗員用キャビン
48. キッチン
49. 隠し倉庫
50. 震盪ミサイル

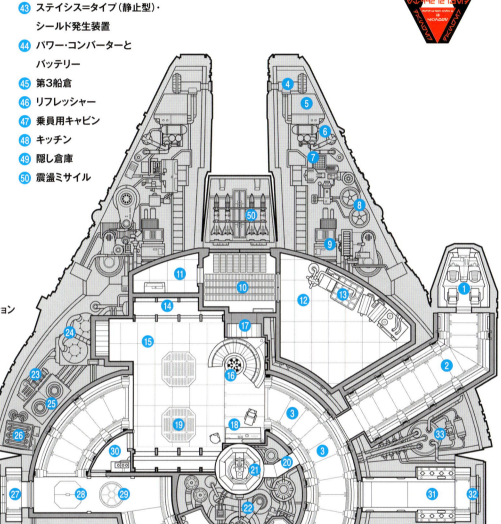

49

ミレニアム・ファルコン

CREW／乗員
ハン・ソロとチューバッカとレイ

　エンドアの戦いで銀河帝国に勝利したあと、反乱同盟軍は新共和国を創設し、帝国の残党と平和協定を結んだ。ハン・ソロとチューバッカはミレニアム・ファルコンに乗りつづけていたが、銃火器の密輸業者ガニス・ドゥケインにファルコンを盗まれてしまう。ソロとチューバッカの必死の捜索は実を結ばず、アーヴィング・ボーイズとも呼ばれるトルサントとヴァンヴァー・アーヴィングが、ドゥケインの手からファルコンを盗みだした。その後、砂漠の惑星ジャクーで、中古部品屋のボスのアンカー・プラットが、まんまとアーヴィング・ボーイズからファルコンを奪った。プラットは盗んだ貨物船を修理しようとしたが失敗に終わり、ファルコンはニーマ・アウトポストの廃品置き場でシートをかぶったまま何年も眠っていた。

　その後長い年月を経て、帝国の残党の強硬路線派がファースト・オーダーと名乗る組織を結成し、新共和国と結んだ協定を破った。彼らが再び権力の座に就こうと企むのを予測したレイア・オーガナは、小規模ながら軍事組織レジスタンスを結成し、ファースト・オーダーと戦いはじめる。ファースト・オーダー軍がニーマ・アウトポストを襲ったとき、プラットの下で働く十代の廃品回収者レイは、この攻撃に巻きこまれ、ファースト・オーダーを脱走したストームトルーパーのフィンと、レジスタンスのアストロメク・ドロイドBB-8とともに、アンカー・プラットの廃品置き場にあるぼろ船に飛びこむ。その貨物船こそ、長いこと放置されていたミレニアム・ファルコンだった。

　恐ろしく古いばかりか故障ばかりのファルコンのシステムと格闘しながら、レイ、フィン、BB-8はからくも宇宙空間に逃れた。しかしまもなく、エラヴァナという大型貨物船で密輸品を運ぶ途中のハン・ソロとチューバッカがファルコンを見つけ、トラクター・ビームで搭乗者ごとエラヴァナに引きこんだ。ソロとチューバッカはレジスタンスに協力して、一発のビームで惑星を粉々にできるファースト・オーダーの超兵器、スターキラー基地を破壊する作戦に加わる。レジスタンスはその目的を果たしたものの、ハン・ソロはこの任務から生きて戻ることはできなかった。チューバッカとレイは、その後もレジスタンスの任務でともにファルコンを使うことになる。

◀ 様々な泥棒の手を経たミレニアム・ファルコンは、惑星ジャクーの廃品置き場で何年も眠っていた

YT-1300・コレリアン貨物船

▲ 久しぶりにファルコンに戻ったチューバッカとハン・ソロは、"わが家"である自分たちの船を取り戻した喜びを噛みしめる

▶ チューバッカとレイはハン・ソロから受け継いだファルコンで、独裁軍事政権ファースト・オーダーと戦うレジスタンスの任務に赴く

YT-1300 コレリアン貨物船

PILOTING A YT-1300
YT-1300の操舵

　コレリアン・エンジニアリング社（CEC）は、少人数の乗員でYT-1300全体を操作できるよう数多くの自動システムを取り付けたものの、航行制御装置の前に座ったパイロットが機械に頼りすぎる事態は念頭においていない。なぜかと言えば、CECはどんな船もドローン・バージに近い状態に転換できるキットを提供しているとはいえ、YT-1300の航法は同じ等級の輸送船とは異なるからである。実際、YT-1300はほかの宇宙船とはまるで違うと言いきる者もいるくらいだ。

　そんなことは信じられないって？　そう思うなら、《スターシップ＆パイロット》誌の記者、バリ・レイデンの報告を読むといい。「いちいち名前を挙げたらきりがないほど多くのCECの宇宙船や、その他の貨物船を操縦してきたわたしは、YT-1300もたいして変わらないだろうと高を括っていた。多少パワーがあることは知っていたし、おそらく操縦しやすいだろうと予想はしていたものの、いざ標準YT-1000に試乗し、少しばかり飛ばしてみると、この船の反応のよさと機動性に驚嘆した。貨物船というより、まるで小型戦闘機のようではないか。CECの飛行テスト施設に戻ったわたしは、自分でも思いがけないことに、顔の筋肉が痛むほど満面の笑みを浮かべていた。これまで飛ばした宇宙船のなかで、正直言ってこれほど操縦を楽しめたのはYT-1300だけである」

　有名な長距離パイロットで《インディペンデント・トレーダーズ・インフォネット》の誉れあるコラムニスト、ミーゼル・ジャンコもこう語っている。「コレリアン・トレード・スパイン航路から引退するつもりだと発言して以来、友人や仲間の長距離パイロットから心温まるメッセージをたくさん受けとった。しかし、その決意が続いたのは、CECにYT-1300に乗らないかと誘われるまえのことだった。YT-1300を試したいま、新たな発言を許してもらいたい。わたしはできるかぎり長くこの航路を飛びつづけるつもりだ。"新品のYT-1300が長持ちするかぎり"と付け加えたいところだが、それはやめておこう。老いぼれサイボーグのわたしより長生きするに違いない船に対して失礼になる。もしも引退する気になったら、豪華な乗員用キャビンでも組み込むとしよう。YT-1300のコクピットから離れたくないからね」

　CECの設計者、エンジニア、技術者、組立作業員は、ひとたびYT-1300の操縦桿を握れば、誰でも空を飛びまわりたくなる、とこぞって請け合う。それを試してみたければ、近くのCECディーラーかCEC公認の販売代理店を訪れるのがいちばんだ。そこに用意されている飛行シミュレーターを使えば、新型貨物船YT-1300の操舵を実際に体験できるばかりか、その操縦に伴う"独特の難しさ"も堪能できる。

◀ランド・カルリジアンは、YT-1300のコクピットを軍用操縦制御装置と特注の回転椅子でアップグレードした

YT-1300の操舵

コクピット制御装置

　ミレニアム・ファルコンのコクピットには、大きなトランスパリスチール窓と4つの回転椅子がある。前列にあるパイロットと副操縦士の席は、制御装置のコンソールとデータ・ディスプレイに面している。どちらも座る者の好みに調節可能。全座席に安全ベルトが付いていることは言うまでもない。

　出費を抑えて効率を高めるため、ハン・ソロはファルコンの基本的なシステムであるナビゲーション、通信、防衛、生命維持、火器システムの多くを、主船倉の技術ステーションとコクピットにあるマスター・コントロール・パネルを通して操作できるよう手を加えた。そのため必要とあれば、どちらの場所からも1名の乗員で操縦ができる。そうした装備と追加の改造により、ファルコンのコクピット制御コンソールには、たいていのパイロットが怖気づくほど大量のスイッチ、ボタン、ディスプレイ・スクリーンがひしめいている。

　デュアル・コントロールの操縦桿はYT-1300の標準装備だが、ファルコンの操縦桿は、チューバッカが自分の怪力に合わせて強化した多関節式架台に取り付けられている。操縦桿には、押すと話ができる通信システムと戦術操縦に使うコントロール・ボタンもある。

▲ 経験豊富なパイロットであるハン・ソロとチューバッカは、YT-1300の制御装置にたちまち馴染んだ

船首方向

1. 救難ビーコン
2. 軌道操縦用ディスプレイ・システム
3. 戦闘操縦パネル
4. センサー
5. シールド・ステイタス・ディスプレイ
6. 亜空間通信機
7. 加速補正機ディスプレイ
8. トランスパリスチール窓
9. 制御コンソール

YT-1300 コレリアン貨物船

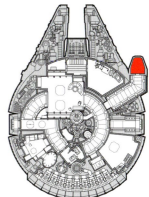

制御コンソール

1. コムリンク
2. 操縦桿
3. エンジン・スタート・レバー
4. ターン＆バンク・インジケーター
5. 火器制御スイッチ
6. ディスプレイ・モニター
7. スロットル
8. 亜光速エンジン
9. 補助パワーレバー
10. 速度インジケーター
11. ハイパードライブレバー
12. スピードブレーキ・ハンドル
13. 自動操縦スイッチ
14. 警告灯
15. 着陸装置
16. 偏向シールド制御装置

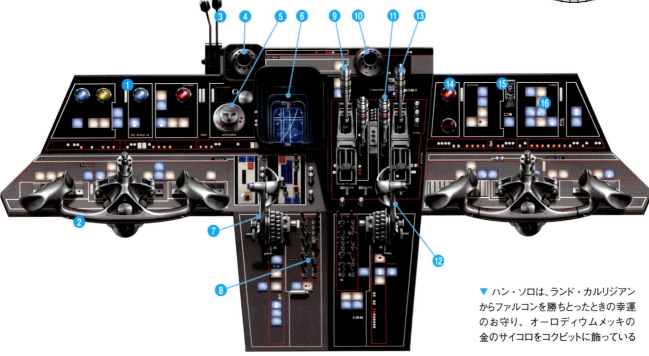

▼ ハン・ソロは、ランド・カルリジアンからファルコンを勝ちとったときの幸運のお守り、オーロディウムメッキの金のサイコロをコクピットに飾っている

　選択した範囲のナビゲーション、通信、防衛に関するデータは中央ディスプレイ・モニターに映しだされる。このデータには、宙図や付近の宇宙船のセンサー・スキャン、パイロットがエンジンかシールドにエネルギーを送りこむ必要があるかどうかを判断するためのエネルギー読み出しも含まれる。中央ディスプレイ・モニターは敵の宇宙船やほかの危険に関するデータを映しだすようプログラムされているため、"脅威スクリーン"とも呼ばれる。ほかのディスプレイ・スクリーンは、それぞれセンサー・データやステイタス・インジケーター（状況表示器）に特化している。

　コクピットのコンソールにはアストロメク・ドロイド用スコンプ・リンク（コンピューター・インターフェイス・アーム）のソケットもあり、ドロイドがジャンプ座標を入力し、必要とあれば船を操縦することもできる。ファルコンの技術ステーションやエンジニアリング・ステーションにも似たようなスコンプ・リンクが装備されている。

55

YT-1300の操舵

バルクヘッド制御装置

ミレニアム・ファルコンのコクピット後方の隔壁には、機器類のライトや計器、ナビゲーションや推進といった宇宙船全体のシステムを制御するスイッチ類がびっしり並んでいる。その壁にあるドア付きのハッチを出たところが通路チューブ、その先が環状主通路だ。長身のパイロットや搭乗者はハッチを通るときに身をかがめる必要がある。CECは、エンジン起動中に機器類のライトが点灯しない場合でも、くれぐれも後方の隔壁を叩くのは思いとどまるようにと勧告している。

通信装置

ミレニアム・ファルコンの乗員は、多様な通信システムを利用する。ファルコンの内部と外部で会話するときは、コムリンクと呼ばれる送受信可能な携帯用短距離通信装置を使う。ハンズフリーで会話する場合は、船内の各ステーションにあるインターコムが便利だ。

通信範囲が数光年に限られた標準亜光速通信機に加え、チェダック社製の周波数アジャイル亜空間トランシーバーも装備されている。比較的よく使用されるこのトランシーバーなら、光よりも速い、音声、映像、ホログラム通信が可能。これを使って救難信号や緊急のメッセージを送信することもできる。12km分の極細の超電導ワイヤがきつく巻かれた亜空間アンテナに

▲ 背が高く腕の長いチューバッカは、座席を離れずに隔壁にある様々な制御装置に手が届く。

より、電波は約40光年先まで届く。受信機は自動的に標準周波数をモニターし、付近の宇宙船からの救難信号やメッセージを受信する。ハン・ソロはこのトランシーバーにカーバンティ社製ホイッスラー暗号化モジュールを追加し、暗号化された亜空間メッセージを送受信できるようにした。

侵入防止システム

船内にはいたるところに防犯対策としてカメラ、ブラスト・ドア、火器が配備されており、乗員は姿を見せなくても望まぬ訪問者と戦える。また、不法侵入を阻止するオーバーライド装置がアクセス・システムのすべてに組み込まれている。ハン・ソロがインストールした"遅延反応"初期設定モード付き高性能防犯対策装置には、船内システムを操作する者の網膜スキャン、機器パネルの操作レバーに触れた者の掌紋照合が組み込まれており、これらのシステムを回避してファルコンを動かせば、亜光速エンジンやハイパードライブを起動したとたん自動的に初期設定モードに切り替わり、ファルコンはもとの位置に戻る。こうした予防措置にもかかわらず、ガニス・ドゥケインはまんまとソロからファルコンを盗みだした。

▼ 標準仕様のYT-1300はヒューマノイドを念頭において設計されているが、CECはエイリアンのパイロット用にも多様なコクピット制御モジュールを提供している

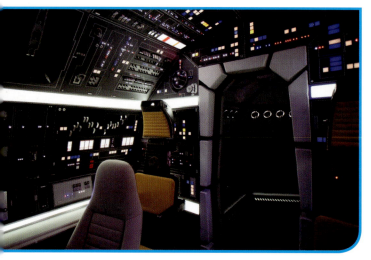

YT-1300 コレリアン貨物船

船尾方向

1. ナビコンピューター
2. 航行ディスプレイ
3. データ・スロット
4. ハイパードライブ・システム・ステイタス
5. サブスペース・エンジン・ステイタス
6. パワー・システム・インジケーター
7. 強化隔壁
8. ハッチ
9. ハッチ・コントロール・スイッチ
10. 燃料マネジメント・パネル
11. 環境コントロール装置
12. キャビン気圧高度計
13. 空気供給／通気コントロール装置
14. 状況ディスプレイ・インジケーター
15. 一体型コントロール・パネル

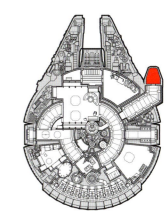

57

YT-1300の操舵

ナビゲーション（航法）・システム

　どんな宇宙船の航法システムにとっても、航法コンピューターは非常に重要な構成要素だ。ナビコンピューターとも呼ばれるこの機器は、ハイパードライブおよびセンサー・システムと連携し、リアルスペース（実空間）の飛翔経路や光速ジャンプの座標、確立されたハイパースペース航路に沿った安全なコースを割りだす。宇宙空間を絶えず動いている恒星、惑星、小惑星帯、塵（デブリ）、ガス雲、重力井戸、そのほかの危険な障害物の位置を含め、ナビコンピューターには膨大な量のデータが蓄えられている。また地表や大気圏内にある目的の場所までの安全なコースを算出する複雑な作図機能も備わっている。

　宇宙船がナビコンピューターを通じてアクセスできるよう、宇宙省はよく知られたハイパースペース航路や星間航行図を定期的に再計算およびアップデートしている。このアップデート・プロセスには、宇宙港にドッキングした宇宙船のナビコンピューターから航路やセンサー・データを日々収集することも含まれている。こうした航路の安全性を吟味したあと、新航路に関するデータを提供するのだ。当局によると、厳密な調査がなされているのは銀河のわずか1/4程度だという。大きな天体の90％以上の位置はいまだ不明だと考える専門家もいる。

　ランド・カルリジアンはミレニアム・ファルコンを改造するさい、工場出荷時に装備されていたマイクロアキシャル・ルビコン・アストロゲーション（星間航行）・コンピューターをそのまま使うことにした。その後、必要に迫られ、一時的に仲間になったキーラがL3-37のドロイド脳をルビコンにインストールしたため、L3-37がナビゲーション・システムの重要な構成要素のひとつとなった。ハン・ソロはファルコンを手にしたあと、このルビコンに何百という星系へのハイパースペース・ジャンプの計算に使うメモリ・モジュールを付加した。

　ファルコンの乗員は、最新のルビコン・クローン（複製）を宇宙船のシステムとは別に維持している。この複製は、マイクロアキシャルHyDモジュラー・ナビコンピューターを再建したもので、船内後部にあるエンジニアリング・ステーション付近の仕切り内に設置されている。バックアップ・ナビコンピューターが作動しない場合に備えて、ファルコンの主船倉にあるエンジニアリング・ステーション・コンソールの下には金庫がボルトで固定されている。金庫には、それぞれ独特のシグネチャーを持つ銀河のパルサーや可変恒星を書き込んだシンプルな航路作図装置と宙図が入っており、これらのツールを使えば、自分たちの現在位置だけでなく、いちばん近い居住惑星へ行く経路（コース）を割りだすこともできる。

◀ キーラとランドは、ファルコンのナビゲーション・システムにL3-37の脳をインストールした

YT-1300 コレリアン貨物船

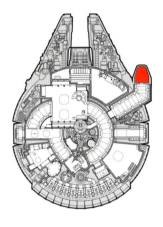

◀ ホロプロジェクターはナビコンピューターにアクセスし、航行座標と安全な航路を表示する

ナビコンピューター

1. セキュリティ・スキャナー
2. イベント・タイマー（事象計時装置）
3. ミッション・タイマー（作戦計時装置）
4. コース選択／承認キー
5. マニュアル・オーバーライド
6. 航路作図装置ディスプレイ
7. 飛行姿勢インジケーター
8. メイン・ハウジング
9. ホロプロジェクター
10. ホログラフィック・システム保護ケース

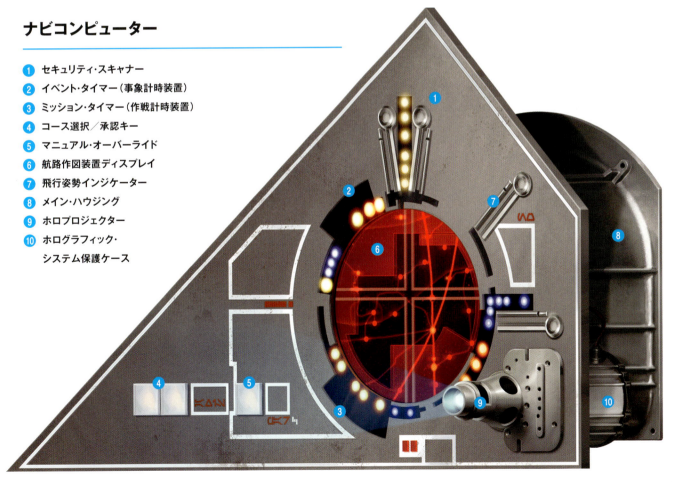

59

YT-1300の操舵

ハイパースペース航行

　ハイパースペース航行は、何千年ものあいだ日常生活の一部であり、数時間から数日で星系から星系へと旅をすることができない状態など銀河市民には想像もつかない。実際、様々な歴史的調査によれば、宇宙を旅する人々は何世代にもわたりハイパースペース航行を当然のこととみなしてきたため、それを可能にしているテクノロジーにとくに関心を示さない者が多い。誰もが安心して利用するハイパースペース航行だが、その危険を軽んじるべきではない、と宇宙物理学者やハイパースペース関連の技術者たちは警告している。

　「ハイパースペースのことはよく知らない」という人々のために説明すると、ハイパースペース（超空間）とは、光速もしくはそれ以上の速さで飛ぶことで初めて到達できる時空をいう。博識な宇宙物理学者や宇宙旅行専門家の多くは、ハイパースペースにはいまだ謎に包まれた部分があると認めるが、ハイパースペースがリアルスペース（実空間）と隣接していることは周知の事実だ。リアルスペースの各点に対応する点はハイパースペース内のなかでもひとつしかなく、リアルスペースのなかで隣り合う点はハイパースペースでも隣り合っている。つまり、リアルスペースで"北"に向かっているときに光速ジャンプを行えば、ハイパースペースでも"北"へ向かうことになるのだ。

　また、リアルスペースのあらゆる物体がハイパースペース内に"影"を持っている。たとえば、ハイパースペース内の恒星（あるいは恒星のような天体）は、リアルスペースでそれがある場所と同じ位置に存在する。こうした"影"はハイパースペー

◀ ハン・ソロは、ミレニアム・ファルコンのコクピットで、ハイパースペース・ジャンプの準備を行うL3-37とランド・カルリジアンを見守った

◀ 通常は、YT-1300の副操縦士たちがマイクロアキシャル・ルビコン・アストロゲーション・コンピューターに航行座標を入力すると、このコンピューターがハイパースペース内の最良のコースを算出する。しかし、L3-37はファルコンのシステムに直接自分を繋いでこの計算を行ない、座標を打ち込む

YT-1300 コレリアン貨物船

ス内を航行するさい致命的な障害となるため、パイロットは航法コンピューターで大きな影を迂回するコースを算出してから、リアルスペースの一点から別の一点へとジャンプする。既知銀河にはおよそ4000億の恒星と1800億の星系、数十億もの惑星、数えきれないほどの小惑星が存在する。しかもそのすべてが動いているとあって、航法コンピューターで精密な計算を行わなければ、宇宙船はたちまち恒星や惑星に激突し、木っ端みじんになってしまう。最新の星間航行図やアストロメク・ドロイドやコンピューターの助けなしでハイパースペースに飛び込むのは、救いがたいほどマヌケなパイロットか、よほど切羽詰まったパイロットだけだ。

　ではなぜハイパースペース内を旅する危険を冒すのか？　答えは簡単──時間である。ハイパースペース技術がなければ、星間旅行にはほとんどの種族がとうていかける気になれないほど膨大な時間がかかる。はるか昔の宇宙旅行者たちは、狭い宇宙船のなかで何年も何十年も退屈な日々を送るのを回避し、限りある寿命を無駄にしないために、比較的"短い"星系内の旅にも人工冬眠装置と"スリーパー・シップ"を利用していた。

　安全に関する専門家たちは、宇宙旅行がもたらす危険への不安を払拭できない人々にこう指摘する。「一日数百万ものハイパースペース・ジャンプが行なわれているが、失敗するのはそのうちのごくわずかだ。しかも、その失敗のほとんどが操作ミスによるものである」と。彼らによれば、ハイパースペース内を安全に旅するのに最良の方法は、最高級のテクノロジーを使用し、宇宙船の整備を怠らず、すべての安全規定に従うことだ。

　コレリアン・エンジニアリング社は、数千年ものあいだ宇宙旅行テクノロジーの最先端を走りつづけ、ほかのどの造船会社よりも多く《スターシップ＆パイロット》誌による品質管理賞を受賞している。ハイパースペースを通ってどこに行くにしろ、CECの宇宙船は搭乗者を無事、目的地に送り届ける。

◀ ハイパードライブが起動された直後、ファルコンのコクピット・キャノピーの外の星が、飛翔経路の中央"ターゲット"ポイントから放射線状に伸びはじめる

◀ 星の光がさらに歪むが、ファルコンのエネルギー・シールドやセンサー、そのほかのテクノロジーが連携して機能するため、搭乗者は宇宙船のすさまじいスピードにほぼ影響を受けずに過ごすことができる。ファルコンはほんの数秒で光よりも速いスピードに達し、ハイパースペースに飛び込んだ

YT-1300の操舵

YT-1300の操縦方法

　CECはYT-1300の発売宣伝キャンペーンで、YT-1300を購入するまえにCECの主要ディーラーや公認販売代理店でフライト・シミュレーターを試すよう呼びかけた。CECによると、こうしたシミュレーターにより、パイロットはこの新貨物船の操縦に伴う"独特の難しさ"に慣れることができるのだ。

　この"呼びかけ"は実際、YT-1300に対する興味をあおるだけでなく、"並のパイロットには手に負えない宇宙船だ"と思わせて購買意欲をそそるための、抜け目ない売りこみ戦略の一環だった。CECの戦略は見事に効を奏し、何千ものパイロットが飛行シミュレーターを試しにディーラーに足を運んだだけでなく、新品のYT-1300を購入して店を後にした。経験の乏しいパイロットは、コクピットが右舷側に取り付けられた幅広の機体を持つ貨物船の操縦にどんな困難が伴うのか興味津々。経験豊富なパイロットの多くは、CECの言う難しさは、船体が自分たちの視界の先まで伸びているほかの宇宙船の操縦と大差ないと主張した。

　CECが作成したYT-1300の飛行ガイドラインには、離陸時はエンジンを約3分間温めたのちリパルサーリフト・ドライブを起動してください、とある。また、亜光速ドライブを起動するときにも同じ時間を費やし、ハイパードライブ起動時にはナビコンピューターによる複雑な計算の必要に応じて、数分ないしそれ以上の時間をウォーミングアップに費やすよう勧めている。通常はウォーミングアップなしでYT-1300のエンジンを始動させれば宇宙船のシステムに大混乱を引き起こしかねないが、ミレニアム・ファルコンに関しては、ハン・ソロが行なった改造により、エンジンを始動させてからわずか20秒で惑星や宇宙ステーションを飛び立てるばかりか、3分とかからずにハイパースペース・ジャンプに移行できる。

　コクピットのデュアル・コントロール式操縦桿には、ピッチ（上下動／縦揺れ）を制御するピボット（旋回）グリップが付いている。上昇するにはこのグリップを内側にひねり、下降するには外側にひねる。操縦桿を回すと船体のロール（横揺れ）を調節でき、フット・ペダルはヨー（偏揺れ）を制御する。出力レベル用のスロットルを押しだすとスピードが増し、引くとスピードが落ちる。減速制御装置はファルコンの姿勢およびブレーキ・スラスターと連動しており、このスラスターは推力を調整する堆積ダンパーと連動している。特別腕のよいパイロットなら、これらのシンプルな制御装置を巧みに扱い、大きなYT-1300を機敏で小回りのきく宇宙船に変えることができる。

◀ ほとんどの貨物船パイロットが同意するように、YT-1300は比較的操縦しやすい。それでも、チューバッカとハン・ソロはしばしばCECのエンジニアが想像だにしなかった思いきった操縦で、離れ業をやってのけた

YT-1300 コレリアン貨物船

ロール（横揺れ）
縦軸

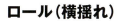

操縦桿

ピッチ（縦揺れ）
横軸

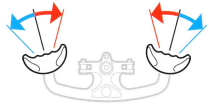
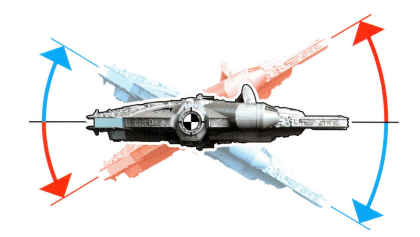

グリップ

ヨー（偏揺れ）
垂直軸

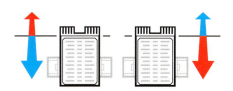

フット・ペダル

YT-1300の操舵

SPECIAL MANEUVER／特殊な操縦法
重力アシスト

　亜光速スピードで星系内を航行中、エネルギーと燃料の消費、時間の節約にもっとも有効なのは、重力アシストを使うことだ。重力スリングショットや重力スイングバイとも呼ばれるこの操縦法は、宇宙船のスピードやコースを変更するのに、惑星や月、そのほかの大きな天体が持つ自然の重力を利用する。

　宇宙船が惑星に近づくと、惑星の重力に引っぱられて速度が変わる。このときの加速度もしくは減速度を決めるのは進入角——つまり太陽の位置に対して、後方あるいは前方のどちらから接近するのか、だ。航法コンピューターは、惑星の重力と直近の太陽からの重力とを組み合わせて船の速度と飛翔経路を計算し、惑星の軌道に入るにせよ、惑星の重力場の影響から遠ざかる位置に針路を変えるにせよ、最も効率のよい経路——たいていの場合、きれいな楕円形を描くルート——を決定することができる。

　よく使われる重力アシストは、惑星の軌道に入るときの減速と、惑星の大気圏内での減速だろう。また、ハイパースペース・ポータル（入り口）へ向かうさいに使われることもあるが、この場合は、正しい飛行経路で進入するために追加計算を行なわねばならない。

　恒星の重力アシストを利用すれば、宇宙船の推進力を大幅に増すことができる。しかし、恒星のすぐ近くを飛ぶにはエネルギーの大半を偏向シールドに送る必要があるため、ほとんどのパイロットはこの方法を回避する。実際、"ソーラー・スリングショット"を敢行するのは通常、高濃度の放射線を浴びることを気にする余裕がないほど破れかぶれの海賊やパイロットだけだ。

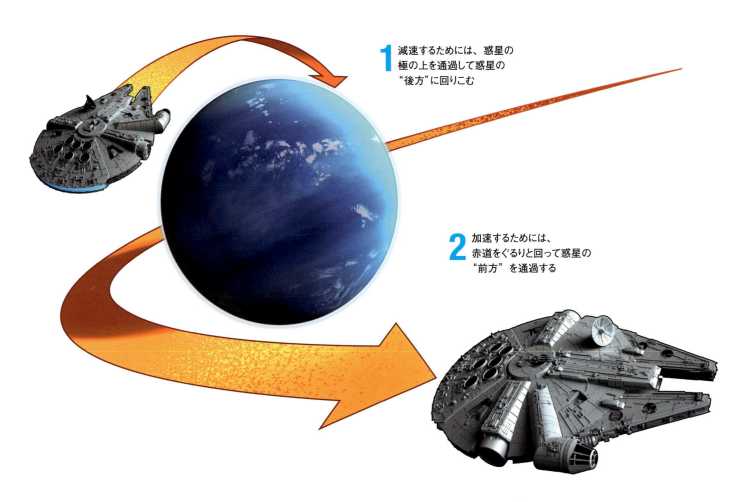

1 減速するためには、惑星の極の上を通過して惑星の"後方"に回りこむ

2 加速するためには、赤道をぐるりと回って惑星の"前方"を通過する

YT-1300 コレリアン貨物船

SPECIAL MANEUVER/特殊な操縦法
トラクター・ビームから逃れる

　敵船のトラクター・ビームがこちらの宇宙船を捉えた場合、選択肢は3つある。降伏するか、攻撃するか、敵があわててトラクター・ビームを解除するほど大胆な行動に出るかだ。降伏するという選択肢がなければ、攻撃するかどうかは通常、どちらの火器が優れているか、敵のトラクター・ビーム投射装置をどれほど素早く狙い撃ちできるか、こちらのシールドは接近戦に耐えうるかの3点を考慮して行なう。念のために警告すると、トラクター・ビームは火器システムを無効化することはないが、敵のすぐ近くで魚雷を放つのは賢明とはいえない。

　3つ目の「大胆な行動」にはいろいろあるが、加速して敵の宇宙船に突っ込むのは自殺行為に等しい。相手の反応が鈍い場合、または相手が捨て身の場合は、こちらの宇宙船が衝突で大きな損傷を受けるか、ひょっとすると大破して道連れになる可能性がある。しかし、敵が生き延びたがっている経験を積んだ乗員であれば、衝突を避けようとしてトラクター・ビームを切るはずだから、逃げるチャンスが生まれる。

　反転して敵の宇宙船に船体正面を向け、スラスターとシールドの出力を全開にして加速し、敵のトラクター・ビーム投射装置をかすめ過ぎるような接近経路で飛ぶ方法もある。トラクターの牽引力と宇宙船の推力の両方を使い、トラクター・ビームのフィールド（場）を効果的に反転させ、スナップロール（急横転）でビームから逃れる作戦だ。この方法は突進するよりもわずかに安全とはいえ難易度が高く、成功させるのが難しい。酷使しすぎてシールド発生装置を壊してしまう可能性もあるが、CECのシミュレーターによると、"うまくいく可能性は充分"ある。

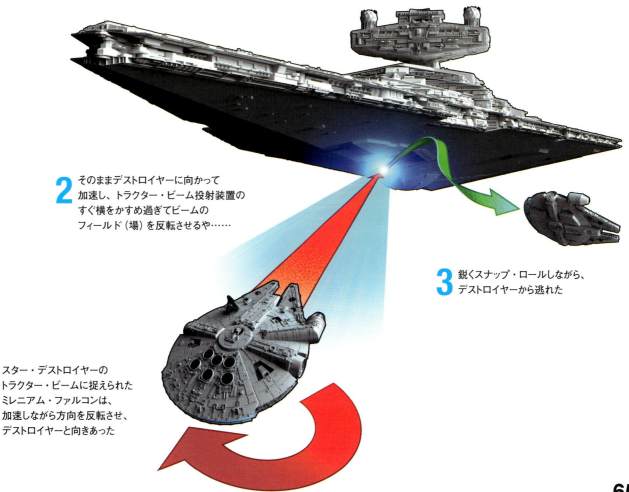

1 スター・デストロイヤーのトラクター・ビームに捉えられたミレニアム・ファルコンは、加速しながら方向を反転させ、デストロイヤーと向きあった

2 そのままデストロイヤーに向かって加速し、トラクター・ビーム投射装置のすぐ横をかすめ過ぎてビームのフィールド（場）を反転させるや……

3 鋭くスナップ・ロールしながら、デストロイヤーから逃れた

65

YT-1300の操舵

SPECIAL MANEUVER／特殊な操縦法
複数の敵船を回避する

　エンドアの戦いの最中、ミレニアム・ファルコンで戦いに参加したランド・カルリジアンは、モン・カラマリのアクバー提督に反乱軍の宇宙船を帝国軍艦隊の真ん中に移動させるよう要請した。この戦略により敵艦は急きょ、攻撃を中止するか、味方の船を撃つ危険をおかして続けるべきかという決断を迫られた。

　提案したのはカルリジアンだったが、この戦法はアクバー・スラッシュと呼ばれるようになった。じつはこのときエンドアの森の月に降りていたハン・ソロも、複数の敵を回避するために何度も似たような戦略を使ったことがある。ホスの戦いのあと、ソロは3隻の帝国軍スター・デストロイヤーの間をすれすれに飛び、見事彼らを出し抜いた。この飛び方で一時的にデストロイヤーの攻撃を回避しただけでなく、2隻を追突させたのだ。

▲ ハイパードライブの故障したミレニアム・ファルコンで航行中、帝国軍艦隊に追跡されたハン・ソロは、インペリアル・スター・デストロイヤーの1隻に直進するという作戦をとった

◀ 自分の船のほうが彼らよりずっとすばしこいと自信満々のソロは、3隻のスター・デストロイヤーがファルコンめがけて集まってくるのを待ち、大胆な方向転換で帝国軍艦隊から急速に遠ざかった

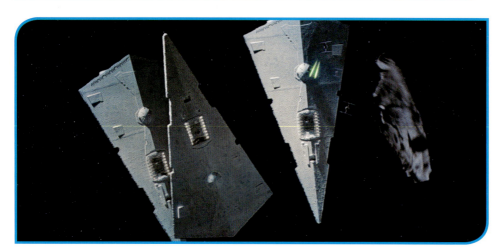

◀ 一方、ソロを追いかけるのに気を取られたスター・デストロイヤーは、航行経路を交差させるという過ちをおかす。衝突を避けようとして四苦八苦する敵の戦艦をしり目に、ファルコンは快速にものを言わせて広大な宇宙空間に逃げ去った

YT-1300 コレリアン貨物船

SPECIAL MANEUVER/特殊な操縦法
見える状態で"隠れる"

　隠れる場所に困ったときは、自分よりもはるかに大きな宇宙船の船体にぴたりとはりつくという手もある。ハン・ソロはとりわけ大胆な操縦法で、ミレニアム・ファルコンを帝国艦隊から隠した。なんとアクティブ・センサーのスイッチを切り、大急ぎでスター・デストロイヤーの1隻へと向かうと、エンジンを切って軽く機動ジェットを使いながら、素早く慎重にデストロイヤーの船体後方部にファルコンをぴたりと寄せたのだ。着陸クロー（爪）でデストロイヤーに船体を固定したときには、YT-1300はすでに帝国軍のセンサーから消えていた。そんな離れ業を成功させるにはとんでもないツキが必要だと言う者もいるだろうが、ソロにいわせれば、まんまと敵を煙に巻いたのは"ツキ"とはまったく関係ない。

▶ 船体の色と比較的平らな形状のおかげでミレニアム・ファルコンはスター・デストロイヤーの外殻に溶けこみ、帝国軍艦隊はファルコンを完全に見失った

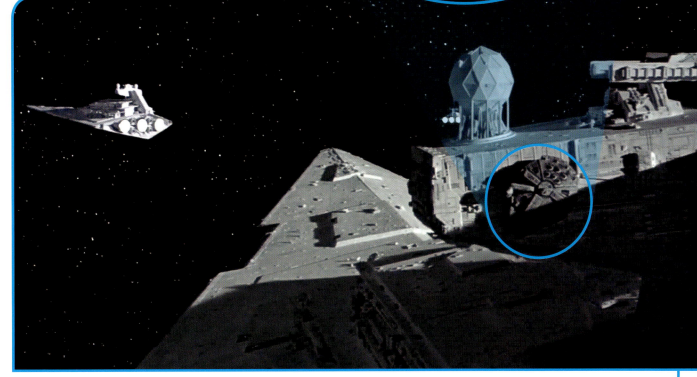

67

YT-1300 コレリアン貨物船

YT-1300 PROPULSION
YT-1300の推進システム

『CEC YT-1300 エンジン・ガイド 帝国版』

　搭乗者を目的地へと運ぶ宇宙船を造ること、それがコレリアン・エンジニアリング社（CEC）の使命です。さらに搭乗者を「迅速かつ安全に運びたい」という願いをこめて、CEC の軌道にある組立工場では、すべての宇宙船に徹底した検査を行います。当社の宇宙船は、一隻残らず銀河帝国の領域で造られる最も耐久性と信頼性のある推進システムを有していることが保証されています。
　造船施設から出荷される YT-1300 にはジャイロダイン社製 SRB42 亜光速エンジンと、特殊推力偏向装置が搭載されていました。初出荷の YT-1300 が市場に出てまもなく、亜光速エンジンの動力伝送導管が破裂し、駆動システムが停止するというケースがいくつか発生したという報告を受けましたが、ただちに詳細を調査した結果、事故の原因はどれもオーナーもしくはパイロットのミスによるものであることが判明しました。亜光速エンジンに手を加え、より高速で燃費のよい宇宙船に改造することは可能ですが、そのさいには、必ず帝国の定める法を遵守する CEC 公認のエンジニアと技術者に依頼されますようお願いいたします。適切な整備と定期点検を怠らなければ、YT-1300 の亜光速エンジンは何十年もお使いいただくことができます。いまなお多数の YT-1300 が出荷時のジャイロダイン社製エンジンとシステムをそのまま使っているという事実が、それを証明しています。
　YT-1300 の建造が始まったのは銀河帝国が創立される数十年まえだったため、標準装備のクラス 2.0 の CEC 製アバター 10 ハイパードライブは現時点でも合法とされています。アバター 10 は、エンジニアリングにおける大胆な試みの一環で、あらゆるタイプの宇宙船と互換性のある汎用ハイパードライブ・システムとして開発されたエンジンです。直後に批判されたように、15 メトリック・トンという重量は工業用リパルサーリフトを装備しても小型船には対応しがたいものの、古い貨物船や輸送船をアップグレードするさいには人気の選択肢だと言えるでしょう。"基本モデル"の YT-1300 には、クラス 12 のバックアップ・ハイパードライブも搭載されています。
　標準装備の亜光速エンジン同様、工場出荷時の YT-1300 のハイパードライブはきわめて耐久性に優れています。燃費を上げるため改造およびアップグレードすることは可能ですが、クラス 2.0 以上の速度を目的としてハイパードライブに手を加えることは帝国法に甚だしく違反するため、ご注意ください。

◀惑星ジャクーで長いこと"眠って"いたにもかかわらず、ミレニアム・ファルコンは驚異的なスピードでファースト・オーダー軍から逃れた

YT-1300の推進システム

ハイパードライブ

驚くほど高効率のフュージョン・ジェネレーターからエネルギーを得るハイパードライブ・エンジンは、トランスフィジカル・エフェクト（物質転換効果）を用いて、光速かそれ以上の速度でしか入れないハイパースペースに宇宙船をジャンプさせる。宇宙船の質量とエネルギー量の複雑な構成を変えずにハイパースペース・ジャンプを行なうさい、ハイパードライブは、スプララィト"ハイパーマター（超物質）"粒子を利用する。ハイパードライブの反応チャンバーの内壁には、"リアルスペース（実空間）"と"ハイパースペース（超空間）"の次元間の橋渡しをする超物質の一種、コアクシウムが薄く塗られている。

センサーが宇宙船の航行進路にある重力場を探知すると、リアルスペースにある物質との衝突を防ぐため自動フェイルセーフ装置が作動し、ハイパードライブは停止する。宇宙船が天体の重力圏内から完全に離れるまでは、それとは別の自動フェイルセーフ装置がハイパードライブの起動を妨げる。非常時には、ハイパースペースを飛びつづけるためにパイロットが両方のフェイルセーフ装置を切るか、回避することも可能だが、指定されたポイント以外でハイパースペース進入および離脱を行なうのは、その付近にある物体と重力場に危険をもたらし致命的な結果につながる恐れがあるため訴追の対象となる、と宇宙船舶管理局（BoSS）は警告している。

ハイパードライブ製造業者の表示する性能の"クラス（級）"分けでは、数字が小さいほど最高速度が大きくなる。民間の宇宙船に取り付けられるハイパードライブはクラス3.0が多く、軍用船には通常クラス2.0か1.0が搭載される。クラス0.75、クラス0.5を装備している宇宙船はごく稀で、ほとんどの場合、既存エンジンに大掛かりな改造を施した結果である。

ミレニアム・ファルコンに本来装備されていたハイパードライブは、クラス2.0のCEC製アバター10だった。ランド・カルリジアンはアバター10を、軍用コンポーネントを使って性能を高めたイス＝シム社製SSPO5ハイパードライブに交換した。この違法なアップグレードでハイパードライブの大きさは2倍以上、性能はクラス1.0と同

◀ CECは、精錬されたコアクシウム・クリスタル（写真は実物大）をひとつ加工し、YT-1300のハイパードライブ反応チャンバーの内壁に塗っている

▲ ミレニアム・ファルコンは改造済みのイス＝シム社製SSPO5ハイパードライブのおかげで、ほとんどの軍用船よりも速くハイパースペース内を航行できる

等になった。ハン・ソロがクラス0.5の性能を発揮できるようさらに手を加えたため、ファルコンは帝国軍戦艦と比べて倍の速度を出せるようになった。またファルコンはほとんどの貨物船同様、非常用のバックアップ・ハイパードライブも装備しており、主ハイパードライブが損傷を受けた場合でも、最寄りの宇宙港にたどり着くことができる。

ファルコンのハイパードライブには数多くのサブシステムが付いている。機械と光電子を組み合わせたパラライト・システムは、パイロットの指示を変換し、ハイパードライブ動力装置内に一連の反応を引き起こす。ハイパードライブ・エンジン・システムには、主光速推力発動装置と呼ばれるハイパードライブ・モチベーターが内蔵されている。主コンピューター・システムと連動したこの発動装置は、ジャンプ時の推力を決定し、ハイパースペース内のエンジン・パフォーマンスの調整を行ない、安全にリアルスペースに戻る位置を測定するためのセンサーをモニターし、航行データの収集を行なう。水平ブースターはイオン化チャンバーへエネルギーを送ってハイパードライブを起動する装置だ。堆積ダンパーはサーボ制御されたプレートを動かしてイオン粒子の放出を防ぎ、推力を一定に保つ。

高性能を誇るファルコンのハイパードライブに秘密があるとすれば、ハン・ソロによるきわめて風変わりな改造がそれだろう。ソロはファルコンの速度を増すためにハイパースペース周囲の時空連続体の歪みを制御する機能を付け加えたのである。同じような改造なしでファルコンに匹敵する速度で飛ぼうとした宇宙船は、爆発して木っ端みじんになった。

YT-1300 コレリアン貨物船

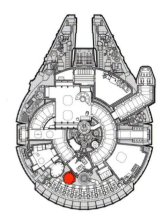

▼ YT-1300のハンクス＝ウォーゲル・コンピューターの自動検査システムが水平ブースターの動力ラインを点検し、スムーズな起動を確実にする

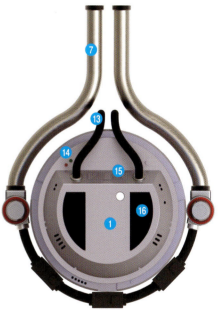

ハイパードライブ・エンジン

1. ハイパードライブ主プロセッサー
2. エフェクト・チャンネル（効果管）付きのエネルギー・スタビライザー・プレート
3. 空間デジグネーター（識別機）付きの電荷面
4. 空間連結導線
5. ゼロ量子フィールド・スタビライザー
6. メンテナンス・アクセス用リフト
7. 水平ブースターのパワー・ライン
8. コアクシウムが塗られた反応チャンバー
9. エネルギー化リング
10. 高電流パワー・ベース
11. レンディリ社製トランスパシター
12. パラライト中継器付き第2プロセッサー
13. ナビコンピューターからのデータ・ライン
14. プロセッサー・ステイタス・インジケーター
15. プロセッサー診断ディスプレイ
16. プロセッサー放熱孔

71

YT-1300の推進システム

亜光速ドライブ

　宇宙船は亜光速エンジンとも呼ばれる亜光速ドライブでリアルスペースを飛行する。亜光速ドライブはリパルサーリフト・エンジンよりもエネルギー出力が大きく、惑星の大気圏を離れるときや宇宙戦のさなかには必ずといっていいほど使われる。ひと口に亜光速ドライブといっても、固形燃料を使ったブースター・ロケット、原子力エンジン、ライト・セール（光子帆）、ラムジェットなど様々な種類がある。加速補正機が宇宙船内にかかる重力を適切に修正し、亜光速ドライブによる急速な加速からパイロットや搭乗者を守っている。軌道にあるコレリアン・エンジニアリング社の造船施設には亜光速エンジンの試射場が設けられ、出荷される宇宙船の亜光速エンジンが問題なく機能することを保証している。

　すでに述べたように、YT-1300貨物船にはジャイロダイン社製SRB42亜光速エンジンが装備されている。ほとんどの亜光速エンジン同様、ジャイロダイン社のエンジンも、燃料を荷電粒子に分解する融合反応でYT-1300を推進させる。この反応がもたらすエネルギーを噴射することで推力が生まれるのだ。推力偏向装置が噴流の方向を変え、宇宙船の飛翔経路を変える。きわめて高温の噴流にはわずかながら放射線が含まれているため、居住者のいる惑星のほとんどが大気圏内およびその付近で亜光速エンジンを起動することを禁じている。宇宙船に不可欠のイオン・エンジンのコンポーネントを扱う、もしくは試射場で作業するCEC技術者は、防護服を着けて放射線から身を守る。

　ミレニアム・ファルコンのオーナーたちは速度をあげるため、未使用システムから動力を引きだして短時間の爆発的噴射により加速を実現するオーバードライブ・システム、亜光速加速モーター（SLAM）を設置するなどして、オリジナルのジャイロダイン社製SRB42亜光速エンジンを大幅に改造した。

▲ YT-1300の亜光速ドライブ噴流は、大量のごみを即座に焼却できるため、CECはこの噴流を"自浄式"と分類している

◀ 居住惑星の大半は大気圏内の亜光速飛行を禁じているが、素早く脱出する必要が生じると、ミレニアム・ファルコンの乗員はその法律を破ることもある

YT-1300 コレリアン貨物船

亜光速エンジン

1. 最終ステージ・エンジン・ユニット
2. コンプレッサー・ハウジング
3. 第1燃焼チャンバー
4. 反応物質チャンバー
5. 燃料送出ポンプ・ハウジング
6. 噴射ノズル
7. 絶縁体で覆われたエンジン連結部
8. アフターバーナー燃料噴射装置
9. エンジン・サブ=プロセッサー・ハウジング
10. 高圧アフターバーナー・ライン
11. ブースト・ポンプ
12. 燃料予熱ライン
13. 電気分解装置
14. 燃料供給ライン
15. パワー・ケーブル
16. フロー・スタビライザー翼板
17. 保炎器
18. 反応物質注入器
19. タービン
20. 高圧密閉式構造

▲ 放射線放出と次元移動による負荷に耐えられるよう、YT-1300の亜光速エンジンにはクロミウムとチタニウムの合金が使われている

YT-1300の推進システム

反重力装置

リパルサーリフト・エンジン

　リパルサー・エンジン、もしくは反重力装置は、ランドスピーダーやスピーダーバイクのような低高度大気圏内用ビークルと関連づけられることが多いが、宇宙船でも補助エンジンとして大気圏内飛行やドッキング時に使用される。リパルサーリフト・ドライブ・システムは融合ジェネレーターを利用し、惑星の自然重力場に反発する重力場を形成して推力を生みだす反重力放射場、"リパルサー・フィールド"によってビークルを浮揚させる。YT-1300は惑星への離着陸に、着陸ジェットと組み合わせてリパルサーリフトを使う。

　ハン・ソロは回収したフラックス・コンバーターとランドスピーダーのターボスラスターでファルコンのリパルサーリフトを強化し、CECのエンジニアが想像もしえなかった驚異的な揚力対質量比を達成した。

着陸ジェット

　YT-1300のリパルサーリフト・エンジンには、船殻下部沿いに取り付けられた"ランディング（着陸）・ジェット"ノズルを通してジェット噴流を下に向ける排熱導管がある。この名が示すとおり、着陸ジェットは着陸および垂直離陸時の補助推力をもたらし、船体を静止状態で浮かせる揚力を提供する。各着陸ジェットは回転台に取り付けられたモジュールで、着陸装置を展開中あるいは格納中に、真下および周囲の地表に直接当たるように自動的に噴流の角度を調整しながら、空気もしくは圧縮されたガスを噴射する。通常は温度センサーがジェット・ノズルからの噴射量を調節して着陸エリアの損傷を防ぐ仕組みになっているが、ハン・ソロは、うっかりファルコンの船体下部に近づきすぎた不運な敵に超高温の排熱を噴射できるよう、着陸ジェットの自動安全装置を改造した。

着陸装置

　氷の惑星ホスのエコー基地から撤退する少しまえ、ハン・ソロとチューバッカはファルコンの足回りと着陸装置を徹底的に見直し、着床脚とそれに伴うハウジング構造を新しくして、さらなる負荷に耐えられるよう船体を強化した。

1. 電磁グリッパー
2. トラクション・グルーヴ（摩擦溝）
3. 補強プレート
4. 傾斜エッジ部

YT-1300 コレリアン貨物船

着陸ジェット

1. 反応物質タンク
2. 誘導ハウジング
3. 圧力分配器
4. エア・インテーク（吸気口）
5. 温度センサー
6. イオン化フィルター
7. 逆流防止器
8. 燃料タンク
9. 偏向制御システム
10. 噴射ノズル

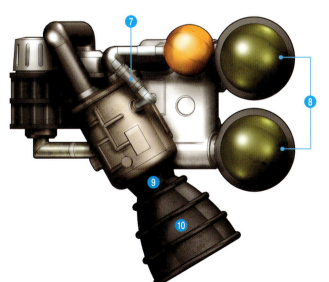

▼ YT-1300は着床脚を展開したあと、着陸ジェットを巧みに使って指定された着陸エリアにスムーズに船体を降ろす

YT-1300の推進システム

燃料システム

　YT-1300には、取扱いに厳重な注意を要する危険物質であるが、エネルギー効率がきわめて高い揮発性液体金属燃料のリッピニウムが使われている。亜光速エンジンのなかで反応物質がリッピニウムを分解し、荷電粒子に変えてエネルギーを供給するのだ。温度調節器が燃料を基準温度である76度から120度に維持し、安定性を保つ。燃料補給には従来のポンプを使用することもできるが、CECは安全のために燃料ドロイドを使うことを勧めている。

　ミレニアム・ファルコンのパワー・コアには、4基の燃料スラグ・タンクが備わっている。各タンクには推進システムにエネルギーを供給するリッピニウムがひとつずつ入っており、エンジンが超加熱した最速航行中でも通常より長い航続距離を達成できる。燃料システムの点検は着陸のたびに必要だが、燃料補給は通常1ケ月にわずか1度ですむ。

▲ ケッセルで奪った未精製のコアクシウム入り容器を持って、ファルコンの船内を歩くチューバッカ。CECは危険物のこのような不正かつ雑な取り扱いを許容することはできない

◀ 未精製のコアクシウムを注入すると、燃料ポンプの上にある反応チャンバーで化学反応が起こり、ファルコンは危険なほど大量の排熱を噴射して驚異的な速度を達成した

YT-1300 コレリアン貨物船

着陸ジェット

1. パワー・コアへと送る経路
2. パワー・コアからの戻り経路
3. 補助システムへと送る経路
4. 燃料補給口からの経路
5. 燃料分配器
6. 分配器動力供給口
7. 燃料タンク
8. タンク接続管
9. 燃料バランス調整器
10. 燃料循環器／フィルター
11. 燃料送出ポンプとリアクション・チャンバー
12. 主燃焼チャンバー／エンジンへの送り経路
13. 冷却ポンプ
14. 冷却ポンプ調節器

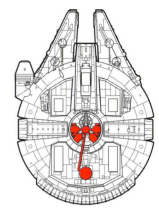

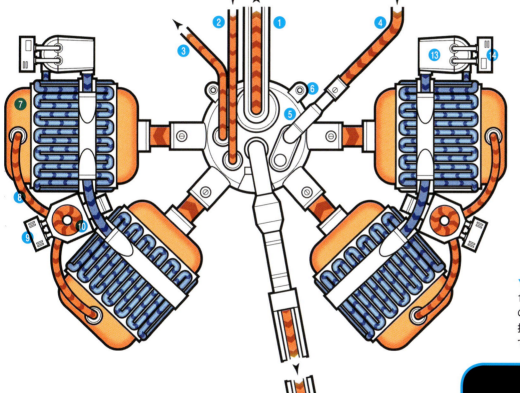

▶ 燃料送出ポンプの図は71ページを参照のこと

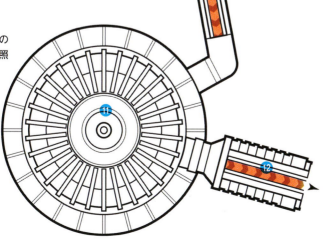

▼ CECが開発したYT-1300のエンジンは、最小のエネルギー消費で最大の推力を得られる設計になっている

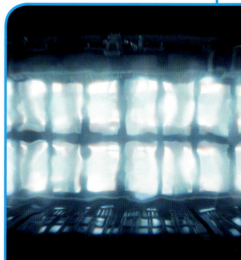

77

YT-1300 コレリアン貨物船

WEAPONS & DEFENSIVE SYSTEMS
武器および防御システム

トライプラネタリー・プレス刊『宇宙戦の歴史 帝国版』

　古代の記録によれば、銀河最古の宇宙船設計士たちは主として、宇宙旅行者に危険をもたらす多くの自然現象を懸念していた。放射線や流星塵から宇宙船と搭乗者を守るエネルギー・シールドが必要であり、浮遊小惑星や恐ろしいスペース・クリーチャーとの遭遇を生き延びる確率を増やすためには宇宙船にレーザー砲を搭載するよりほかはないという事実に疑問をはさむ者はほとんどいなかった。そのうえミサイルがあれば、レーザー砲では対処できないほど大きな岩の塊やどう猛な怪物にも対処できるにちがいない、という結論に達したのは、当然の成り行きだったと言えよう。

　その結果、銀河には火器が急増し、宇宙の旅の始まりが宇宙戦争の始まりをもたらすことになった。原子力、レーザー、粒子ビームを用いた火器がまるで潜行性の病のように銀河の隅々まで広まり、隣接する惑星や星系で軍拡競争が始まった。そしてそれらの惑星や星系が互いの相違を解決し、平和を取り戻したずっとあとも、宇宙航路には海賊や密輸業者や敵意に満ちたエイリアンが頻繁に出没し、危険をもたらした。

　レーザー砲は銀河全体において最も一般的な宇宙船の武器となった。ブラスターによく似ているが、はるかに威力のあるこの火器は、貯蔵に過冷却された防貫室を必要とする揮発性高エネルギー・ブラスター・ガスを使用し、専用の発生装置か宇宙船の主要反応炉から直接エネルギーを得る。レーザー・アクチュエーターがブラスター・ガスと高電圧の電荷を結合させ、同アクチュエーターのプリズム状クリスタルが光を伴う電荷粒子の高エネルギー・ビームを生みだす。このエネルギーは長い砲身を走るあいだに威力を増しつつ砲身内部の回路によって収束されるため、恐るべき破壊力を持つビームが長距離を飛ぶあいだもその凝集力を保つことができる。

　高出力のレーザー砲は規則により軍用船にしか搭載できないが、低出力のレーザー砲はほとんどの自営業者の貨物船や商船の標準装備となっている。

◀クレイトの戦いでミレニアム・ファルコンの下面砲座についたレイは、CEC の標準装備である AG-2G 4 連レーザー砲で敵のスターファイターを狙い撃ちする

武器および防御システム

レーザー砲

　ミレニアム・ファルコンを手に入れたランド・カルリジアンは、シングル・バレルのアラキッド社製トムラル RM-76 重レーザー砲塔を船体上面および下面に付けた。そのカルリジアンからファルコンを勝ちとったハン・ソロは、2 門ともより威力のある CEC 製 AG-2G 4 連レーザー砲に交換した。

　AG-2G が砲手に好まれるのは、横軸方向の俊敏な動きと、これが長距離射撃に適した収束度の高いビームを発射するからである。砲手は水平コントロール・ペダルで砲身を左右に回し、垂直コントロール・スティックを使って上下方向に動かす。戦術照準コンピューターの指令に従って動くボールスイベル型の回転台に取り付けられた AG-2G 砲塔は、砲手が選んだ回転パターンに従い、それぞれの砲身から 1.32 秒ごとに 1 発ずつビームを発射する。

　ハン・ソロは船体下面を定期的に点検し、サーボ＝ガイドに沿って下部砲塔のインタラプター＝テンプレートが自動的に所定の位置に滑りこむことを確認していた。この点検のおかげで、ファルコンが地上で 4 連レーザー砲を発射せざるをえない場合でも、レーザービームが着陸装置や搭乗ランプを吹き飛ばすことはなかった。

　ファルコンの 4 連レーザー砲は、ソロが加えた強化パワー・サイクラー、高容量ガス供給機、より大きなレーザー・エネルギー化クリスタルによりアップグレードされたレーザー・アクチュエーターのおかげで、事実上、軍用ブラスターに匹敵するようになった。このきわめて違法な改造により、ファルコンのレーザービームは、しつこく追ってくる帝国軍タイ・ファイターのような小型船を一発で撃墜できるほどの威力を持った。

　AG-2G 砲はファルコンのクワデックス・パワー・コアから直接エネルギーを引きだす。改良型冷却パックとコンプレッサーにより、長時間連続使用しても過熱する危険はない。一般的には使われないスプリッター・カプリングという装置が発射されたエネルギー・ビームをわずかに分散させるおかげで、標的となったシールドは 2 か所同時にネルギーを偏向せざるをえず、過負荷を起こす。こうして、より大きな損傷を与える可能性が増すのだ。

　ファルコン全体の設計と、船体の中央最上部と中央最下部にある主砲の位置により、AG-2G 砲の射界はファルコンの中央部から広がるクサビ形の部分でぴたりと重なる。常に 4 連レーザー砲の射撃の腕前を競い合い、賭けをしていたソロとチューバッカは、ここを「マネー・レーン」と呼び、その範囲内で敵を撃ち落とすと倍額だと決めていた。

　武器商人ガニス・ドゥケインは、ファルコンをソロから盗みだしたあと、上下の砲塔に特注の回転コアを取り付けた。

▲ ランド・カルリジアンは、ミレニアム・ファルコンに 2 門のアラキッド・インダストリーズ社製トムラル RM-76 重レーザー砲を付けた

▼ 照準コンピューターと生来の鋭い反射神経に頼って AG-2G 4 連レーザー砲を発射するハン・ソロ

YT-1300 コレリアン貨物船

4連レーザー砲

1. アクセス・チューブ
2. 梯子
3. 砲手席
4. 引き金付きのツイン・ファイヤリング(発射)・グリップ
5. 戦術照準コンピューター
6. システム・ステイタス(状況)・インジケーター
7. メンテナンス・アクセス・パネル
8. トランスパリスチール製ビューポート
9. 方向性コントロール・ペダル
10. 回転プラットフォーム・ベース
11. 水平支持アーム
12. レーザー・バレル(砲身)
13. トラッキング・サーボ
14. レーザー冷却ユニット
15. スイベル・マウント

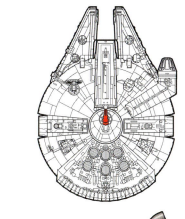

▼ AG-2G 4連レーザー砲スコープでは、レーザー砲の向きを表す3Dアニメーション長方形グリッドの中央に、楕円形の標的エリアが現れる。矢印は敵の宇宙船を示す

16. 照準エリア
17. レーザー砲の向き
18. 敵船

4連レーザー砲の照準コンピューター

快速の戦闘機が相手の場合、熟練の砲手が標的を照準に捉えてから引き金を絞るまで、また火器がエネルギーを得てからビームを発射するまでのわずか数分の一秒のあいだに、標的の戦闘機が照準からはずれる可能性がある。照準コンピューターは標的の速度とコースを計算してこの遅れを補整し、砲手が狙った点のほんの少し先へとビームを発射する。

ファルコンの AG-2G の新型戦術照準コンピューターは、1.5秒以上スキャン範囲に留まる全長4メートル以上のどんな標的も自動追跡(ロック・オン)することから、"ワン・ポイント・ファイブ・ロック"と呼ばれている。

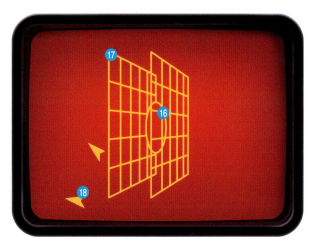

81

武器および防御システム

格納型ブラスター砲

　ミレニアム・ファルコンの大型4連レーザー砲は、火器の劣る敵の宇宙船の戦意をそぐ役目を果たすだけでなく、見えない位置から攻撃することで敵の気をそらせる役にも立つ。地上で忍びより奇襲をかけてくる敵を牽制するため、ハン・ソロはファルコンにAx-180"グラウンド・ブザー"を据え付けた。地上戦で使われるこのブラスター砲は、船体下部にある区画に格納すると見えなくなる。

　ブラステック社製のグラウンド・ブザーはセミオートマチック方式の対人ブラスター砲で、毎秒12発のエネルギー・ビームを発射する。コクピットから手動で撃てるだけでなく、携帯用遠隔装置や、宇宙船コンピューター経由の自動操作も可能。設定もスタン（麻痺）から徹甲まで幅広く選べる。グラウンド・ブザーはファルコンの乗員や味方、着床脚を含むファルコンの船体を撃たないようにプログラムされている。照準センサーが敵の火器の放つエネルギー・シグネチャーを探しだすと同時に、内蔵コンピューターが最も危険度の高い標的を判断してビームを発射する。グラウンド・ブザーには専用の発電機が装備されており、船内の電気系統が落ちた状態、あるいは電気系統が一時的に使えない状態でも作動する。

AX-108"グラウンド・ブザー"

1. 油圧式スイベル・マウント
2. 動力ケーブル
3. 大容量ガス室
4. 柔軟なガス・ホース
5. ガス変換器
6. アクチュエーティング（駆動）・モジュール
7. ジェネレーター
8. 内蔵型コンピューター
9. 照準センサー
10. 排熱バレル・ハウジング
11. エミッター（発射）・ノズル

◀ ホスの戦いのさなか、ファルコンのグラウンド・ブザーの照準コンピューターは帝国軍スノートルーパーを敵軍と判断し、ハン・ソロの離陸準備が整うまで強力なビームでその進撃を阻んだ。

YT-1300 コレリアン貨物船

アラキッド社製ST2震盪ミサイル

最適射程距離：300メートル　最大射程距離：700メートル

1. スタビライザー・フィン（安定翼）
2. 噴射ノズル
3. プロペラント・チャンバー（推進剤室）
4. エネルギー・シールド投射装置
5. 震盪シリンダー
6. 徹甲弾頭

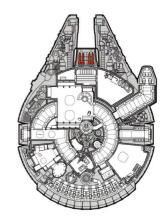

ダイメック社製震盪ミサイル

最適射程距離：260メートル　最大射程距離：750メートル

1. 噴射ノズル
2. エネルギー・シールド投射装置
3. 流線型震盪チャンバー
4. 徹甲弾頭

震盪ミサイル

　自律型のエネルギー弾兵器である震盪ミサイルは、炸薬弾頭とともに亜光速で巡航する。震盪弾が高破壊力の爆発をもたらす大気圏内での爆撃用に造られたこのミサイルには、静止した標的とゆっくりと動く標的にきわめて有効な自動誘導センサーが内蔵されている。震盪ミサイルは宇宙戦にもきわめて効果的だ。

　震盪ミサイルの装甲チューブは弾頭、ガイダンス・コンピューター、推進システムを備えており、外殻を守るシールド投射装置がミサイルをエネルギー・シールドで包みこむ。震盪ミサイルはプロトン魚雷同様、きわめて強力な弾頭をエネルギー・シールドで守られた標的へと運ぶことができるが、最大射程範囲が700mと短く、短距離兵器に共通するデメリットがある。

　震盪ミサイルは通常、2発続けて発射される。1発目が標的のエネルギー・シールドと装甲板を貫通し、防御シールド発生装置と装甲プレートを破壊した直後、数分の1秒遅れて発射された2発目が無防備となった標的に最大の損傷をもたらすのだ。大気圏内で爆発した震盪弾頭はソニックブームを発して激しい揺れをもたらす。宇宙戦では通常、標的となった大型戦艦のシールド発生装置を破壊するために使われ、その後ターボレーザー砲で攻撃が行なわれる。帝国およびファースト・オーダーの法律は、民間の宇宙船に震盪ミサイルおよびその発射装置（ランチャー）の搭載を禁じている。

　ハン・ソロはミレニアム・ファルコンの火器に一対のアラキッド社製震盪ミサイル・ランチャーを加え、アラキッドとダイメックを含む様々な製造会社のミサイルを最高4発放てるよう、両ランチャーを改造した。標準ミサイルはアラキッド社製ST2で、全長1m以上、標準プロトン魚雷と同等の威力がある。震盪ミサイル・システムはプロトン魚雷ランチャーよりも維持しやすいが、より高くつく。アラキッド社製ST2は一発につきおよそ750クレジットである。

　ファルコンの照準センサーは、ミサイルに内蔵されたガイダンス・コンピューターに直接データを送る。エンドアの戦いでファルコンを操縦し、第2デス・スターの反応炉に飛びこんだランド・カルリジアンは、アラキッド社製ST2震盪ミサイルを2発発射し、この恐るべき戦闘ステーションの破壊に貢献した。

83

武器および防御システム

偏向シールド

　ほぼすべての宇宙船に欠かせない防御システムとなるのが、宇宙船を力場で包む偏向シールドだ。この力場の源であるシールド発生装置が、シールドの強度、半径、吸収できるビームの量を決定する。偏向シールドは通常、船体装甲版の数mm下に投射されるが、パワー設定とコンフィギュレーションによっては、シールドを船体からさらに離して投射することもできる。戦闘機のような小型船はたいてい、シールド発生装置を1基しか装備しておらず、パイロットはシールド発生装置を調節して船体の特定部分のみを守る。複数の発生装置を備えた大型船は、各シールドで異なる部分を守る。

　偏向シールドには大きく分けて2タイプある。パーティクル（粒子）・シールドとレイ（光線）・シールドである。粒子シールドは宇宙を漂う塵、ミサイルなどの高速の発射体を跳ね返す。このタイプのシールドは船体をすっぽり包みこむため、パイロットや自動操縦システムがミサイルや脱出ポッドを発射するときやシャトルとドッキングする瞬間は切らなくてはならない。

　エネルギー・シールドとも呼ばれる光線シールドは、恒星の放射線や磁気放射線、レーザー、ブラスター、そのほかのエネルギー・ビームから船体を守るが、固体を弾くことはできない。このシールドを維持するには大量のエネルギーが必要となるため、パイロットは通常、光線シールド発生装置を低出力に設定して放射線をシャットアウトし、敵のレーザービームから船体を守らねばならないときだけ出力を上げる。

　船体を完全に保護するには両タイプのシールドが必要だが、帝国は統治領域内のほとんどの民間船や商船に対して戦術的優位を保つため、高エネルギーの光線シールドの使用を制限していた。そのため帝国に属さない宇宙船が光線シールドを装備するには許可が必要だったものの、"海賊に襲われる恐れ"というお決まりの説明を口にすれば、たいていは申請が通った。

　様々な情報源によると、ハン・ソロは帝国軍のメンテナンス施設から複数の軍用偏向シールド発生装置を"拝借"したようだ。ミレニアム・ファルコンの船体前部は、トープレックス社製の偏向シールド発生装置、ノードキシコン社製の耐衝撃波フィールド発生装置を含む偏向シールドが守っている。左舷および右舷投射装置にエネルギーを供給するのは、トープレックス社の発生装置を補助するノヴァルデクス社のステイシス＝タイプ（静止型）・シールド発生装置だ。この装置は、超光速航行のあいだ"リアルスペース時間"と大幅に異なる割合で進行する搭乗者の加齢と積み荷の劣化を防ぐ、重要なシステ

全シールド・パワーが船首の防御力を強化、後部は無防備

シールドは最適パワー・レベルで作動中

全シールド・パワーが船尾へと配される。このオプションは通常、稀有な大気状況にのみ適用される。宇宙空間での前進時には、流星塵から受けるダメージが大きいため、この設定は推奨されない

黄色はシールド出力が低下しているという警告を示す

攻撃下にある部位が赤く点滅し、シールドが消失すると赤く点灯したままになる

YT-1300 コレリアン貨物船

シールド発生装置

1. 後方用投射装置
2. フィールド・パワー・コントローラー
3. 超荷電粒子放出器
4. 航行用偏向器
5. 前方用主投射装置
6. 粒子中和器
7. エネルギー化装置
8. 偏波器
9. イオン遮断機
10. イオン収集器

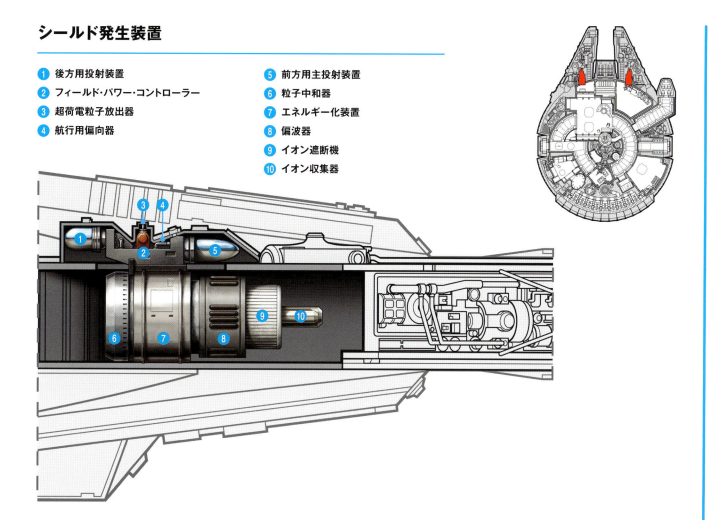

ムの一部でもある。

　船体後部を守るのは、クワット・ドライブ・ヤード（KDY）社製の軍用偏向シールド発生装置だ。前方の宇宙空間に漂う宇宙の塵の掃除は、前部マンディブル間に取り付けられた追加の航行偏向システムが行う。ファルコンのシールド各種は細かい操作が可能で、特定の位置に向けて複数を組み合わせることができる。これにより、前方の敵を攻撃中にせよ全速力で退却中にせよ、偏向シールドのパワーを維持して敵の攻撃から船体を守ることが可能だ。

　ファルコンはエンジンにも偏向シールドにも利用可能なリアクタント＝インペラー・ユニット（反応物質推進器）という風変わりな装置を備えている。このユニットはコーンセイヤー社製TLBパワー・コンバーターと連動し、シールドで吸収したビームのエネルギーを直接クワデックス・パワー・コアに送りこむ。これにより、敵のエネルギーをファルコンのエンジンと火器で再利用することが可能となる。これらのシールド・システムのおかげでファルコンは猛攻撃に耐えられるとはいえ、その時間はあくまで有限であることは念頭に置いておかねばならない。ファルコンのエンジンは軍用シールドの継続使用に必要な莫大なエネルギーを供給するようには設計されていないからである。

重力場安定装置および補正機

　宇宙を旅する種族のほとんどは重力の影響を受けるため、ファルコンにはカプリコープ社製加速補正機が装備されている。この補正機のおかげで乗員は船内を自在に動き、高速で飛びまわっているときでも重力で粉々にならずにすむのだ。ファルコンが通常より高重力あるいは低重力の惑星に着陸すると、重力流束安定装置の調節機能により自動的に船内の重力が一定に保たれる。

85

武器および防御システム

トラクター（牽引）・ビーム

グラップリング・レイやマグネティック（磁気）・ビームとも呼ばれるトラクター・ビームは目に見えない強力な力場で、宇宙空間に投射されると、物体をつかみ、動かし、方向転換させることができる。この力場を作りだすのはトラクター・ビーム発生装置、投射するのはトラクター・ビーム投射装置だ。宇宙港やドッキング・ベイでは、射程距離の短いトラクター・ビームと単純な照準システムを使って"交通整理"を行ない、宇宙船を安全な離着陸へと誘導する。軍用宇宙船は、航行中の小型船をつかめるほど強力なトラクター・ビームを放つシステムを標準装備として搭載している。もっとも、小回りの利く高速飛行中の宇宙船を照準に捉えるのは、最新鋭のトラクター・ビーム・システムを用いても至難の技だ。

貨物船やコンテナ船は、貨物モジュールの移動やスムーズなドッキングを行なうために商業用のトラクター・ビームを使う。YT-1300の前部マンディブルの内側にも、ローディングアーム側に2基が向き合う形で一対のフィロンC5トラクター・ビーム・エミッターが装備されている。このトラクター・ビームはコクピット、エンジニアリング・ステーション、貨物積み込み室に

ある制御コンソールから操作が可能で、30m以内にある最大900kgまでの物質を持ちあげることができる。

ほとんどの商業用トラクター・ビーム・テクノロジー同様、フィロンC5ユニットは射程範囲が短く、照準システムも単純で、すばしこい敵の宇宙船を捕まえるだけのパワーもないため、軍用には適さない。

▲ ファルコンのマンディブルの内縁沿いに、フィロンC5トラクター・ビーム・エミッターが見える

◀ 盗まれてから何年もあと、チューバッカとともに貨物船エラヴァナを操縦していたハン・ソロは、ファルコンを見つけ、トラクター・ビームでこのおんぼろYT-1300をドッキング・ベイに引きこんだ

YT-1300 コレリアン貨物船

トラクター・ビーム発生装置／投射装置

1. メイン・ビーム・エミッター
2. コントロール・パルス・エミッター
3. 偏向倍増器
4. 回路アクセスハッチ
5. 発電機筐体
6. 主物質コイル
7. フィールド分散阻止装置
8. 逆回転フィールド・アセンブリ
9. ジェネレーター・コントロール・モジュール
10. メンテナンス・オーバーライド・スイッチ
11. パワー&コントロール・インプット
12. 主合焦リング

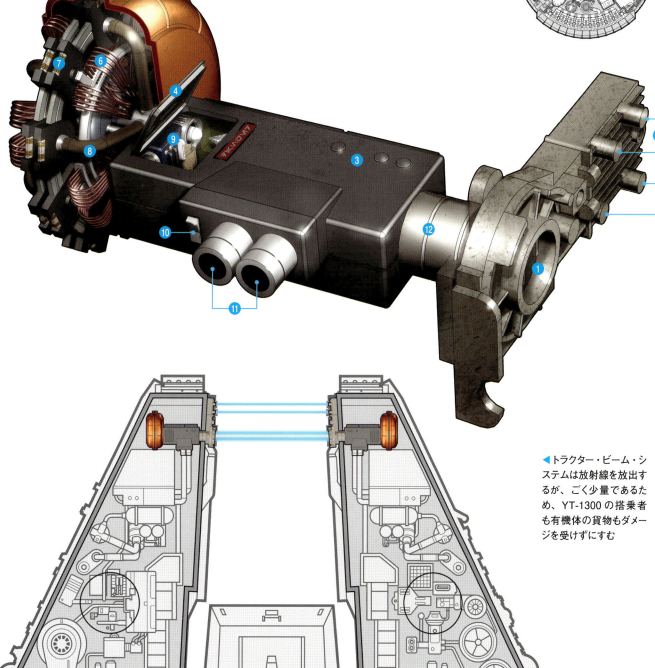

◀トラクター・ビーム・システムは放射線を放出するが、ごく少量であるため、YT-1300の搭乗者も有機体の貨物もダメージを受けずにすむ

武器および防御システム

装甲船殻

　ランド・カルリジアンは船体にぴたりと張りつくデュラスチール殻でミレニアム・ファルコンを覆う作業を自ら監督した。船殻の滑らかな表面は航空力学的に大気圏内飛行に適しているだけでなく、船内から放たれる攪乱シグナルの送信を強化する助けにもなった。だが、ハン・ソロがファルコンを手に入れる少しまえ、帝国軍の宇宙船と撃ち合いになって歪んだ時空のなかを通って逃げたため、装甲船殻の大部分が剥がれたばかりか、レーザービームの焦げ目がつき、流星塵との衝突によりあちこちに傷やへこみができた。それ以来、ミレニアム・ファルコンはオーナーが外観にまったく気を遣わない、いまにもエンジンが止まりそうなおんぼろ貨物船にしか見えない。

　ハン・ソロとチューバッカは、叩いて直したへこみやデュラスチールを継ぎ接ぎした亀裂、エポキセイタルで埋めたひびを隠そうとはせず、錆のほとんども放置した。だが、この"手抜き"は意図的なものだった。いかにも屑鉄置き場にあるようなポンコツなら、海賊や泥棒、帝国税関職員の目を引く恐れが少ないため、ふたりともファルコンのお粗末な外観の維持に手を尽くしたのだった。しかもファルコンの外見に手をかけずにすむおかげで、ふたりは時間とクレジットをもっぱら最新テクノロジーの追加、システムのアップグレードや改造、エンジンのメンテナンスに注ぐことができた。

　外見はポンコツだが、ファルコンの船殻は驚くほど良好な状態にある。ソロとチューバッカは宇宙船の残骸などから回収したデュラロイ製シートを溶接し、船体の最重要エリアであるエンジンや乗員用キャビンに戦艦なみの分厚い装甲を施した。このデュラロイ製シートと軍用エネルギー・シールド・システムとの組み合わせにより、ファルコンは標準レーザー砲のビームをほぼ通さず、応戦するかハイパースペースに逃げこむまえに激しい攻撃を受けても、損傷を最小限に抑えることができる。

◀ ランド・カルリジアンは宇宙船のメンテナンスおよび洗浄施設を定期的に訪れ、自分がカスタマイズしたYT-1300の船体が文字通り染みひとつないように気を配っていた

▲ ハン・ソロは焦げ跡やへこみや傷跡を、ミレニアム・ファルコンがかいくぐってきた修羅場を示す名誉の印だとみなした

YT-1300 コレリアン貨物船

デュラスチールの船殻

1. カスタム塗装のデュラスチール
2. 軍用装甲
3. かみ合わせ型エッジ
4. 衝撃による損傷
5. ちぐはぐなプレート
6. 炭化痕
7. デュラスチール製プレート
8. デュラロイ装甲溶接接合部
9. 強化フレーム

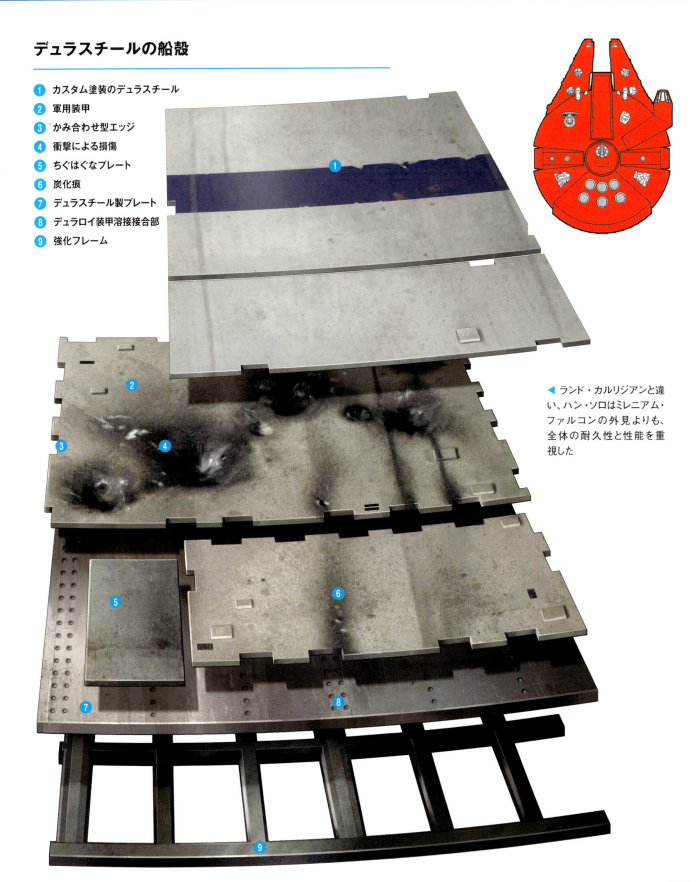

◀ ランド・カルリジアンと違い、ハン・ソロはミレニアム・ファルコンの外見よりも、全体の耐久性と性能を重視した

YT-1300 コレリアン貨物船

YT-1300 ENGINEERING SYSTEMS
YT-1300の エンジニアリング・ システム

『CEC YT シリーズ バイヤーズガイド』

　コレリアン・エンジニアリング社は"時は金なり"であることを重々承知しています。すべてのYT-1300が、船長、パイロット、副操縦士、航海士、通信士、エンジニア、技術者、砲手、運航管理者を乗せて飛ぶわけではないことも心得ています。当社はこの認識に沿って、YT-1300を2名の乗員で動かせるように設計し、お客様がエンジニアリング・システムを整備および制御できるよう、明確な指示とガイドラインを作成しました。

　YT-1300に装備されているクワデックス・パワー・コアは、現在市場に出ている最も強力なエネルギー・コアであり、これがジャイロダイン社製SRB2亜光速エンジンとイス＝シム社製SSPO5ハイパードライブに動力を供給しています。利便性をよくするため、YT-1300の後部エンジニアリング室に集められたエンジニアリング制御システムは、どれもみな宇宙船に乗って旅をする器用な生命体の大半が容易く作業できるように設計されていることは言うまでもありません。適切な手入れと定期メンテナンスを怠らなければ、YT-1300のエネルギーおよび推進システムは長いあいだ故障ひとつせずに働いてくれることでしょう。

　YT-1300のエンジニアリング・システムをエンジニアリング室以外の場所から制御したいという乗員のために、CECは定位置のタイプと稼働タイプの技術ステーションを何種類か用意いたしました。全エンジニアリング・システムをモニターし、制御するモジュラー・コンポーネントから成るこれらのステーションにより、YT-1300の乗員はラウンジや通路チューブにあるアルコーブ、そのほかのセクションで、くつろぎながらシステムを点検、修理、改良することが可能です。さらに、ほとんどの定位置タイプの技術ステーションに、ステーション制御装置の高さを簡単に調整できる伸縮式架台をオプションで追加すれば、乗員は座った状態でも立った状態でも制御装置を操作することができます。

　またCECでは、ほぼすべてのYT-1300の隔壁を、技術ステーションや配電盤、船内インタフェース・システム制御コンソールに変更できるモジュラー・キットも提供しています。設計オプションおよび設置に関しては、CEC公認の販売業者や販売代理店にご相談ください。

◀チューバッカとハン・ソロは、ミレニアム・ファルコンを飛ばしていないときでも、次の任務に備えて、点検や整備、改造、修理に追われていた

YT-1300のエンジニアリング・システム

エンジン・ルーム

　標準 YT-1300 でいちばん広いのがエンジン・ルームだ。ここには最も重要なシステムである亜光速エンジン、ハイパードライブ、エンジンの診断端末装置が収納されている。ミレニアム・ファルコンの様々な所有者たちは、長年のあいだにエンジン・システムに広範囲にわたる改造を施し、エンジン・ルームの大きさを削って追加のケーブルや導管を設置し、その場しのぎの応急処置ですべてを繋いで、複雑極まりないテクノロジーの迷路を造りだした。エンジン・ルームのコンソール・ディスプレイには、宇宙船全体の機械やシステムをモニターし、制御する集中型システムのデータが表示される。また、この部屋にはエネルギーの制御と配分を行なう主配電盤と、メンテナンス用の技術関連マニュアルやファイルなどのデータカードを収めた小さな書庫もある。

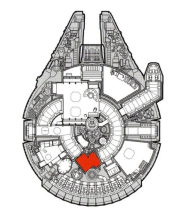

▼ エンジン・ルームの入り口は左舷側通路の突きあたり、乗員用キャビンやリフレッシャーの先にある

▼ ミレニアム・ファルコンの血液ともいうべき放射性の金属燃料は、亜光速エンジン・チャンバー内で爆発反応を起こし、驚異的な推力を生みだす

YT-1300 コレリアン貨物船

貨物用エレベーター

　各YT-1300に設置された貨物用エレベーターは、乗員の食糧や消耗品、貨物をエンジン・ルームから出し入れするのに使われる。エンジン・ルームには貨物も置ける広さがあるが、通常はエンジン・コンポーネントや制御装置、貨物に事故が起きるのを嫌って、貨物は船倉に運ばれる。ファルコンを手に入れたあと、ランド・カルリジアンはエンジンのパワーを増強するため、燃料配分管を太くし、大きな送燃ポンプをエンジン・ルームに付け加えた。このポンプが貨物エレベーターをふさいだせいで、エレベーターを後部船倉に入れることはできなくなったものの、これで1名用脱出ポッドを後部船倉に送ることはできる。カルリジアンは、第3船倉の隣の専用キャビンからこの脱出ポッドにアクセスできるよう改造を施した。

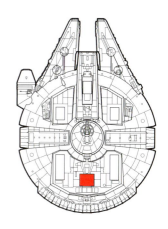

1. 伸縮式リフト・システム
2. 格納式与圧ドア
3. 貨物
4. 油圧リフト・ドライブ
5. 可変重力場プレート
6. ローディング・ランプ

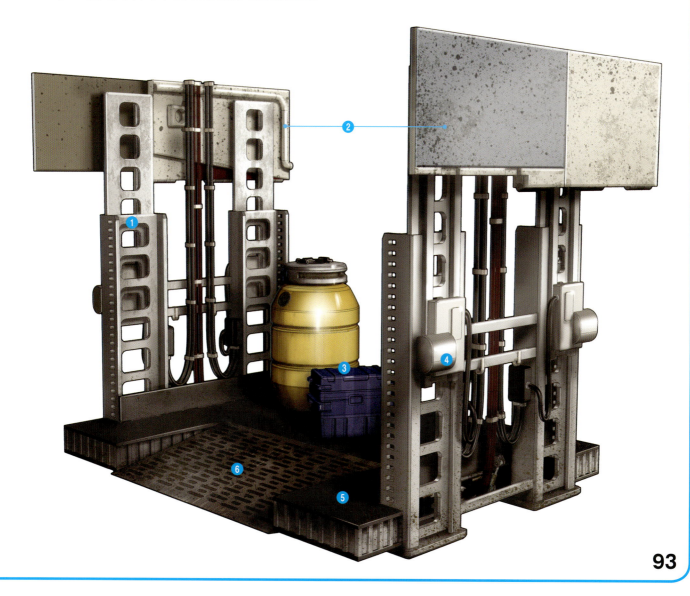

YT-1300のエンジニアリング・システム

テクニカル・ステーション

　ランド・カルリジアンは、以前の所有者が主船倉のアルコーブに置いていたベッドを処分して、代わりに技術ステーションを設置し、船のエンジン、エネルギー配分、航法システムをそこからモニターできるようにした。その後ハン・ソロは、自分が施した無数の改良や改造をモニターできるよう、このステーションに手を加えた。古いコレリアン・コルベットから回収した大型のファブリテック社製ANq-51センサー・アレイ・コンピューター端末装置からなるこのステーションは、センサーおよび航行データを蓄え、それをファルコンのドロイド脳に送る。隣接した隔壁の一部には、エンジニアリング・ステーションをルビコン・ナビコンピューターとイス=シム社製ハイパードライブ・エンジンに繋いでいる回路がある。

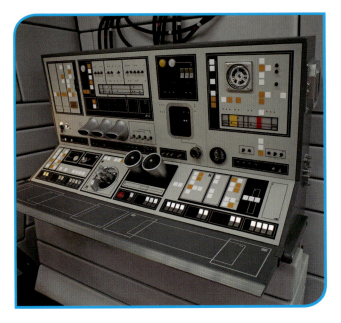

▲ ランド・カルリジアンは、自分が望むファルコンの内装に合わせて、回収した技術ステーションを改造した

▼ ミレニアム・ファルコンの主船倉にあるテクニカル・ステーションの前に立つ、プロトコル・ドロイドのC-3PO

回路ベイ

　ミレニアム・ファルコンには回路ベイが2か所ある。パワー・コアの近くにあるひとつ目のベイは、すべてのYT-1300"基本モデル"に設置されている標準回路ベイで、重要なパワー配分システムは、すべてここでメンテナンスが可能だ。ベイの床の一部は取り外し可能で、その下にある各システムにアクセスできる。

　昔の所有者のひとりは、貨物を積むスペースよりも技術面を充実させることに関心があったらしく、ファルコンの動力管とバックアップ・システムに容易くアクセスできるように、第2回路ベイを付け加えた。このベイは主船倉から直接出入りできるだけでなく、通路にあるハッチからも出入りできる。床の一部は下のシステムにアクセスできるように引っ込んでいる。

YT-1300 コレリアン貨物船

◀ ファルコンの回路ベイで修理を行うプリンセス・レイア・オーガナ

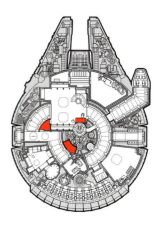

後部回路ベイ

1. 船体状況インジケーター
2. 動力配分調整器
3. インジケーター・ライト
4. データ・インプット／診断ポート
5. はずれたアクセス・パネル
6. 回路アクセス
7. 照明
8. 静電気除去器
9. 空冷吸気口
10. 拡張プレート
11. 電気系統パネル
12. 生命維持装置
13. 重力補正機
14. メンテナンス・ドア
15. センサー・リレー（継電器）

YT-1300のエンジニアリング・システム

ハンクス＝ウォーゲル・コンピューター

宇宙船には、センサー、航法、推力を含むあらゆるシステムを管理、運営する主コンピューターが最低1台は必要である。YT-1300に装備されたドロイド脳の"新世代"とも言えるハンクス＝ウォーゲル社製のスーパーフローIVコンピューターは、この船に搭載された強力な亜光速およびハイパースペース・エンジンを管理している。これは非常に精巧なばかりか、パイロットや整備士にとっては、改造や後付システムも容易に管理できる融通の利くコンピューターだ。

記録によれば、ミレニアム・ファルコンがランド・カルリジアンの手に渡るまえに、以前の所有者たちは一度ならずハンクス＝ウォーゲル社製コンピューターを分解し、組み立てなおし、改造し、2つのドロイド脳を追加したようだ。これらのドロイド脳――ひとつはV-5輸送船ドロイドから、もうひとつは企業機密のスパイを専門にしていたスライサー（暗号解読）・ドロイドから取りはずした――は従属コンピューターとして機能し、ハンクス＝ウォーゲル・コンピューターのメモリを増強した。カルリジアンはこれに第3のドロイド脳モジュールを加えた――自分の体を自力で組み立てたユニークなドロイド、L3-37から回収した脳である。もともとR3シリーズ・アストロメク・ドロイド脳の一部だったL3-37のモジュールには、スパイ・ドロイド、カスタム・コーディング、プロトコル・ドロイドのプロセッサーが含まれている。この3つのドロイド脳は危機に直面したさいにはスムーズに協力しあうものの、重要な仕事で手いっぱいでないときは常に言い争っている。現在でも、L3-37のモジュールがファルコンの航法システムの重要な構成要素であることは間違いない。

▲L3-37の脳モジュールはもともとR3アストロメク脳だったが、その後彼女はスパイ・ドロイド、複数のプロトコル・ドロイド・プロセッサー、特注の最新鋭コーディングのデータ・アーキテクチャを自分に付け加えた

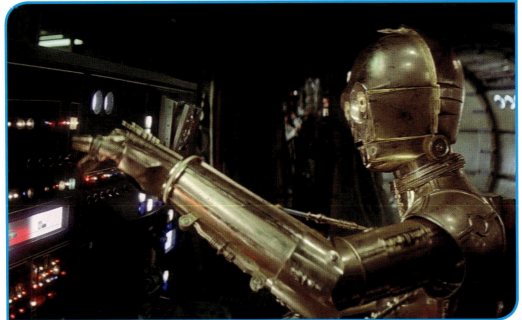

◀ミレニアム・ファルコンのコンピューターと会話中、C-3POはこの宇宙船が独特の方言で話すことに気づく

YT-1300 コレリアン貨物船

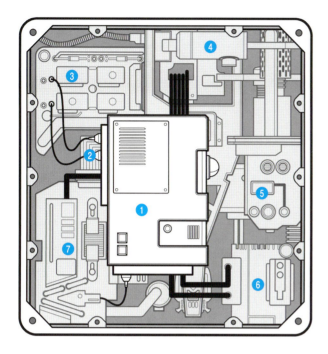

ハンクス＝ウォーゲル・コンピューター

1. オリジナルのハンクス＝ウォーゲル脳
2. 主相互連結部
3. 環境用サブ＝プロセッサー
4. 推進用サブ＝プロセッサー
5. 診断インターフェース
6. 航行用サブ＝プロセッサー
7. 通信用サブ＝プロセッサー

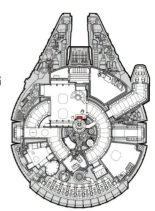

◀ ハンクス＝ウォーゲル社製スーパーフローIVコンピューター・ドロイド脳は、耐久性、融通性ともに優れている。とはいえ、コレリアン・エンジニアリング社は、YT-1300の所有者がCEC公認技術サポートの助けを借りずに大規模な改造を施すのは望ましくないと勧告している

ドロイドの意識

ミレニアム・ファルコンのコンピューターに使われているドロイド集合脳のなかで決定権を握っているのは、L3-37である。

A L3-37の脳
B 暗号解読ドロイドの脳
C V-5輸送ドロイドの脳

97

YT-1300のエンジニアリング・システム

パワー・コア&パワー・コンバーター

大半の宇宙船と同じで、YT-1300はハイパーマター対消滅コア、つまりパワー・コアを含む融合システムを使っている。ミレニアム・ファルコンのハイパードライブ発生装置に必要な動力を供給するのは、クワデックス・パワー・コアだ。これは、家庭用品などに使われる携帯型の化学、核分裂、核融合の反応炉とは比較にならないほど強力なエネルギーを生みだす。第3船倉に設置されているプログレッシブ燃焼反応パワー・コンバーターは、クワデックス・パワー・コアがもたらすエネルギーをファルコンの推進ユニットに送る働きをしている。

基本的にファルコン全体を動かしているクワデックス・パワー・コアは、YT-1300の最も守りの固いエリアであるセントラル・ハブに位置している。クワデックス・パワー・コアは、たとえばファルコンのAG-2G 4連レーザー砲に直接エネルギーを供給するなど数々のカスタム化に適応するよう改造されてきたが、基本的な外観は新品のときとさほど変わっていない。しかし注意深く見ると、ランド・カルリジアンがこの宇宙船を手に入れるはるか昔に一新されていることがわかる。

▲ チューバッカがファルコンの不安定な電気系統を緊急修理中、急な電力サージにより、彼の手にしたフュージョンカッターに電弧が走った

マイノック

銀河を旅する人々を悩ます厄介な害獣マイノックは、革のような翼をもつ寄生生物で、群れで移動し、真空の宇宙空間でも生き延びる。恒星の発する放射線を餌にしているが、シリカなどの鉱物も食べる。頭から尻尾まで平均全長は1.6メートル、翼幅はほぼ1.25mあり、剛毛の生えた吸盤のような口で通りすぎる宇宙船に貼りつき、好物のパワー・ケーブルを咀嚼する。パワー・ケーブルが一部でも損傷すれば大事故になりかねないため、パイロットは定期的に点検を行い、マイノックが貼りついていないことを確認しなくてはならない。

マイノックは大気に含まれる特定のガスと惑星の重力で死ぬこともあるが、宇宙船と一緒に惑星の地表に降りて、そこで繁殖することもある。マイノックによる問題を防ぐため、ほとんどの宇宙港では、入港する宇宙船をスキャンする。船体に貼りついたマイノックを振り落としてから着陸しないと惑星の検疫規定に違反することになるので、注意が必要だ。船体のマイノックは、ブラスター・ビームを浴びせるか超高音の水蒸気を集中的に噴霧すれば、ほぼ確実に取り除くことができる。

YT-1300 コレリアン貨物船

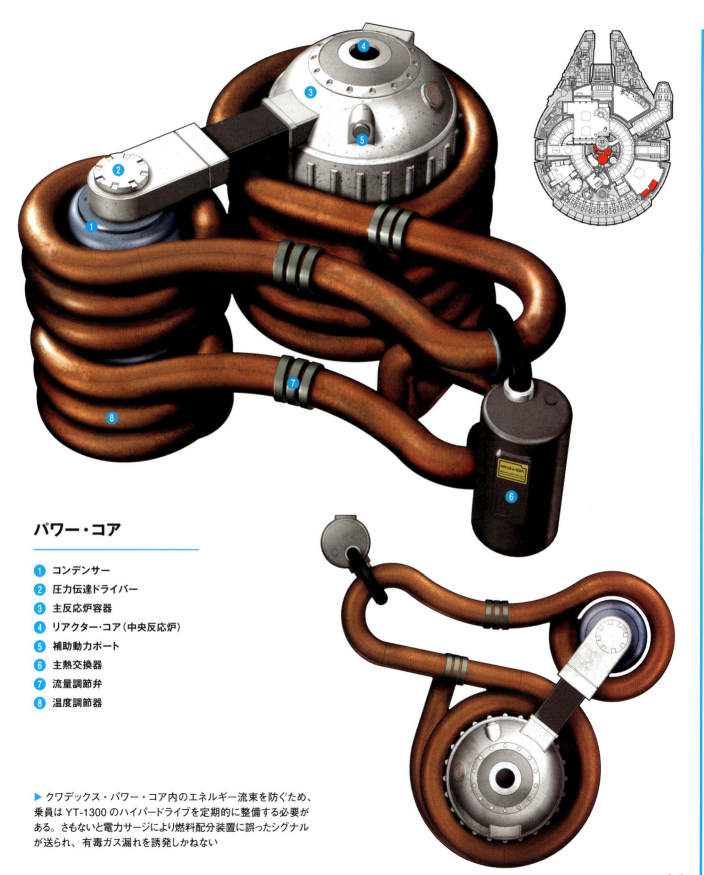

パワー・コア

1. コンデンサー
2. 圧力伝達ドライバー
3. 主反応炉容器
4. リアクター・コア（中央反応炉）
5. 補助動力ポート
6. 主熱交換器
7. 流量調節弁
8. 温度調節器

▶ クワデックス・パワー・コア内のエネルギー流束を防ぐため、乗員はYT-1300のハイパードライブを定期的に整備する必要がある。さもないと電力サージにより燃料配分装置に誤ったシグナルが送られ、有毒ガス漏れを誘発しかねない

YT-1300 コレリアン貨物船

YT-1300 SENSORS
YT-1300の センサー

『CEC YT-1300 バイヤーズ・ガイド』

　宇宙を旅する皆様のほとんどがご存知だとは思いますが、"センサー"とはデータを探知し、分析する様々な種類の装置を意味します。遠くにあるものを大きく見せると同時に映像データを記録するマクロバイノキュラーや、近距離放射線測定器のように惑星探査に役立つ単純なセンサー装置もあれば、宇宙の旅に必要不可欠の精密なセンサーもあります。後者は光、無線通信、その他の電磁放射、音、動き、振動、重力場、放射線、磁気場、熱や気圧、化学的痕跡、さらには別のセンサーに関するデータを収集し、分析する装置です。

　コレリアン・エンジニアリング社はYT-1300に航行や衝突回避、リサーチ、探査などに最適なセンサー一式を導入しました。これは銀河のコア領域にある多くの惑星間を行き来するさいには十分な装備ですが、銀河の中心から離れた、海賊に襲われる危険のある星系を飛ぶ商船のオーナー様は、ぜひとも用心のためにCEC公認センサーの追加装備をご検討されますよう、お勧めいたします。

　商業市場では文字通り何千という異なるセンサーが手に入りますが、残念ながら完璧なセンサーというものは存在しません。太陽放射、水素雲、小惑星帯、強力な重力井戸といった自然現象がセンサーの働きを干渉もしくは妨害するだけでなく、未知の妨害装置や隠蔽装置により最も精巧なセンサーでさえ効力が発揮できない場合があるためです。センサーさえあればあらゆる障害物を回避できるという保証はないものの、宇宙の旅に付き物の数えきれない危険を生き延びるには、多様なセンサー・アレイがきわめて重要であることは間違いありません。

◀ランド・カルリジアンはファルコンを手に入れると、大気圏内飛行時の空力効率を高めるため、扁平なレクテナ・ディッシュを取り付けた

101

YT-1300のセンサー

パッシブ・センサー&アクティブ・センサー

センサー・テクノロジーには基本的に、アクティブ（能動）型とパッシブ（受動）型という2種類のセンサー・モードがある。スキャン＝モード・センサーとも呼ばれるアクティブ・センサーは、制御されたエネルギーを放ち、有効範囲にある物体から"跳ね返る"反射エネルギーを探知し収集する。これに対して熱感知器や望遠鏡のようなパッシブ・センサーは、ほかの発生源から放たれるエネルギーを感知する。センサーは宇宙航行の必需品ではあるが、センサーが発するエネルギーは総じてほかの宇宙船のセンサーに"見える"ことを頭に入れておかねばならない。しかしアクティブ・センサーから放たれる高エネルギーは容易に探知されやすいのに比べて、パッシブ・センサーはさほどエネルギーを必要としないため、通常はアクティブ・センサーよりも探知されにくい。

標準的なセンサー・アレイが適切に機能するためには、3種類の機器が必要だ。宇宙船の周囲をスキャンしてデータを集める長距離センサーと、集めたデータを評価するコンピューター、コンピューターが探知したものをテキストや図、3D画像で表示するディスプレイである。大型船は通常、大きなコンピューターを置ける場所を有しており、特殊なセンサーを接続するポートも多いため戦術的には優位だが、逆に言えば、その分多量のエネルギーを放ち、多くの光を反射し、より大きな重力の乱れを引き起こすことで格好の標的にもなりうる。

ミレニアム・ファルコンのセンサー一式は、CECが本来は長距離用偵察宇宙船用に開発した強力な軍用小型パッケージだ。このパッケージには、あらゆるタイプの物体、エネルギー、フィールド（場）を探知する複数のスキャナーを用いていることから"万能センサー"とも呼ばれる全波長トランシーバー（FSTs）が含まれている。ファルコンの軍用レセプター・ディッシュは、その大きさのおかげで、遠くの物体をより正確に探知できるだけでなく、強力な光電受容器（EPR）の探知範囲も驚くほど広い。なお、このEPRはファルコンの照準センサーおよび亜空間探知機には欠かせない装置だ。

ファルコンのセンサー・システムには、コムリンクの送受信、航行ビーコン、熱、レーザー光線など、センサー・アレイの探知範囲にある電磁放射を探知する専用エネルギー受容器（DERs）が含まれている。DERsは軍用センサー・アレイに装備されている主パッシブ・センサー装置で、数少ない例外を除き、民間の宇宙船がこれを取り付けるのは違法行為にあたる。

▲ YT-1300の全波長トランシーバーは障害物や敵の宇宙船をスキャンする

◀ R2-D2は惑星クレイトに生命体がいるかどうかを確認するため、ファルコンのセンサーにアクセスした

> ### センサー・スイープ
>
> 短距離および中距離で絶大な効果を発揮するアクティブ・センサーは、周囲の宇宙空間を"スイープ"してデータを収集する。センサー・スイープには、大きく分けてスキャン（走査）、サーチ（捜索）、フォーカス（集中）という3種類のモードがある。
>
> スキャン・モードのセンサーは船体周囲のすべてを調べる。時間をかけて綿密にスキャンするか、素早くざっとスキャンするか、どちらにしてもスキャン・モードのセンサーは宇宙船の外の状況に関して、たとえば探知範囲内にほかの宇宙船がいるか、何隻いるかなどの基本的な情報を提供する。このスキャンで潜在的な危険が探知されると、警告指示器がパイロットに注意を促す。
>
> サーチ・モードのセンサーは、たとえば宇宙船や無線の周波数など、特定の対象のみを探す。パイロットやセンサー・システム担当者は、サーチを行うまえに対象の

YT-1300 コレリアン貨物船

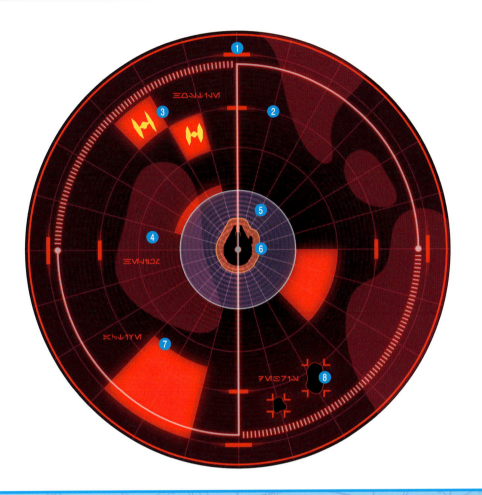

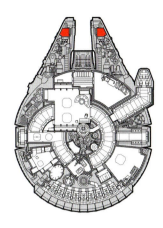

センサー・ディスプレイ

1. レンジ（範囲）表示
2. 空間グリッド
3. 敵との接触点
4. ガス・ポケット
5. 被弾脅威ゾーン
6. シールド・レンジ
7. アクティブ・センサー
8. 無生物デブリ

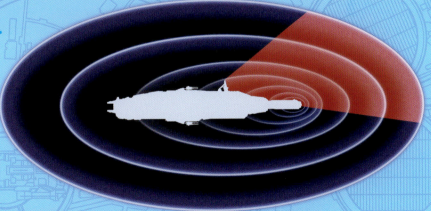

▶ ファルコンのマンディブル内にあるシープ＝アイロル社製パッシブ・センサー・アンテナから放射されたセンサー波。レセプター・ディッシュは通常、前方に向けられているが、向きを変えて特定のエリアを集中的にスキャンすることもできる

タイプを明確にする必要がある。

　複数の宇宙船が編隊を組んで宇宙空間を航行する場合、パイロット同士はしばしば、まずセンサーの有効範囲が重なるエリアを"サーチ"する。通常は編隊の先頭を飛ぶパイロットがセンサーの範囲を前方に集中し、ほかのパイロットが側面と背後のスキャンを受け持って、周囲のエリアをすべてカバーする。航法コンピューターと組み合わせて使うことで、サーチ・モードのセンサーは緊急ルートを計算するのにも役立つ。

　フォーカス・モードのセンサーは、パイロットが選んだ特定のエリアを集中的にスキャンする。この狭い範囲のスキャンは当該エリアに関してより詳細な情報をもたらすものの、ほかのエリアに関する情報はほぼまったく拾わない。したがってパイロットたちは、全体の"スイープ"スキャンで異常な物体か通信を拾ってから、フォーカス・モードに切り替えることが多い。

YT-1300のセンサー

センサー・レクテナ

　ミレニアム・ファルコンのセンサーと通信システムのほとんどは、船首方向の左舷上面に取り付けられた軍用レクテナのなかにあるが、そのバックアップ・システムは船殻全体に散らばっている。ファブリテック社製ANq-51センサー・アレイ・コンピューターにより制御されるレクテナ・ディッシュには、出力を増強された光電受容器（EPR）、アクティブおよびパッシブ長距離センサー・アレイ、亜空間通信探知機が含まれている。さらに、ディッシュのなかには短距離目標捕捉プログラムを取り付けることもできる。

　EPRはシンプルなセンサーで、通常光、紫外線、赤外線にそれぞれ対応する高性能望遠鏡からのデータを統合し、ファルコンのデータスクリーン上に二次元合成画像を作りだす。EPRはファルコンの照準センサーと連携し、コクピットのモニターと各砲塔のモニターに標的の画像を送信する。

　マンディブルには、ファブリテック社製ANy-20アクティブ・センサー・トランシーバーとシープ＝アイロル社製パッシブ・センサー・アンテナが組みこまれている。これらの装置は通常互換性はないが、ハン・ソロはパッシブ・センサー・アレイを改造してファルコンのコンピューターを"説得"し、このシープ＝アイロルをファブリテック親和型機器とみなすよう仕向けた。ファルコンの亜空間通信探知機は、ほかの宇宙船や付近の惑星からの通信をスキャンする。

　ファルコンの通信システムには、センサーほど精密ではないものの、強力な電波妨害プログラムが含まれている。カーバンティ社製シグナル増幅センサー・ジャマー（妨害装置）は静電気や不規則なシグナル、偽応答信号でYT-1300を覆い隠すだけでなく、付近の宇宙船からの通信も妨害できる。ただし、妨害装置の使用にはきわめて致命的な欠点がある。妨害シグナルでこちらの宇宙船の正確な位置を隠せるとはいえ、そのシグナル自体の放つエネルギーにより、ほかの宇宙船のセンサーにこちらのおおまかな位置がわかってしまうのだ。戦術的に優位に立つため、ソロは敵の宇宙船にこちらの位置を正確につかまれないように、ファルコンの妨害装置をカーバンティ社製29L電磁対抗策パッケージと繋ぎ、妨害装置が放つ送信波を拡大かつ分散させた。

　この斬新的な対抗策にもかかわらず、ファルコンの電波妨害システムは絶対確実とはいえない。初めて使われたときには、発するパルスがあまりにも強力だったため、ファルコン自体の船内通信も妨害され、コクピットから船内の様々なシステムへ送った信号まで攪乱されてしまった。さいわいセンサー妨害装置の回路が焼き切れ、ソロとチューバッカは宇宙船の制御を取り戻した。それ以来チューバッカがこの欠陥を修正したとどれほど断言しても、ソロは妨害システムの起動が絶対に必要でないかぎり使おうとはしなかった。

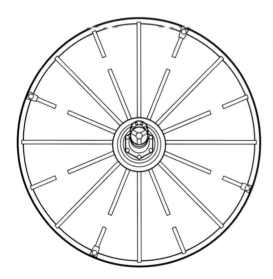

▲ ランド・カルリジアンのYT-1300には、大きいが平らで目立たない民間モデルのCECセンサー・レクテナが取り付けられた

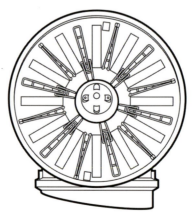

▲ 盗んだ軍用センサー・レクテナのおかげで、ハン・ソロとチューバッカは帝国軍との小競り合いを何度も回避できた

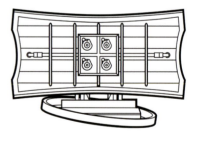

▲ エンドアの戦いのあと、ソロは軍用レクテナを長方形のCEC製レクテナと交換した

YT-1300 コレリアン貨物船

◀ ファルコンに接近し、レクテナ・ディッシュの上を通過するタイ・ファイター。

レクテナ・ディッシュ

1. 姿勢制御サーボ
2. 電磁対抗策パッケージ
3. 復調プロセッサー
4. リフレクター・エレメント（反射素子）
5. 多素子送信器アレイ
6. フォト・レセプター・ノード（光受容点）
7. 亜空間通信探知機
8. センサー・ジャマー（妨害装置）・アレイ

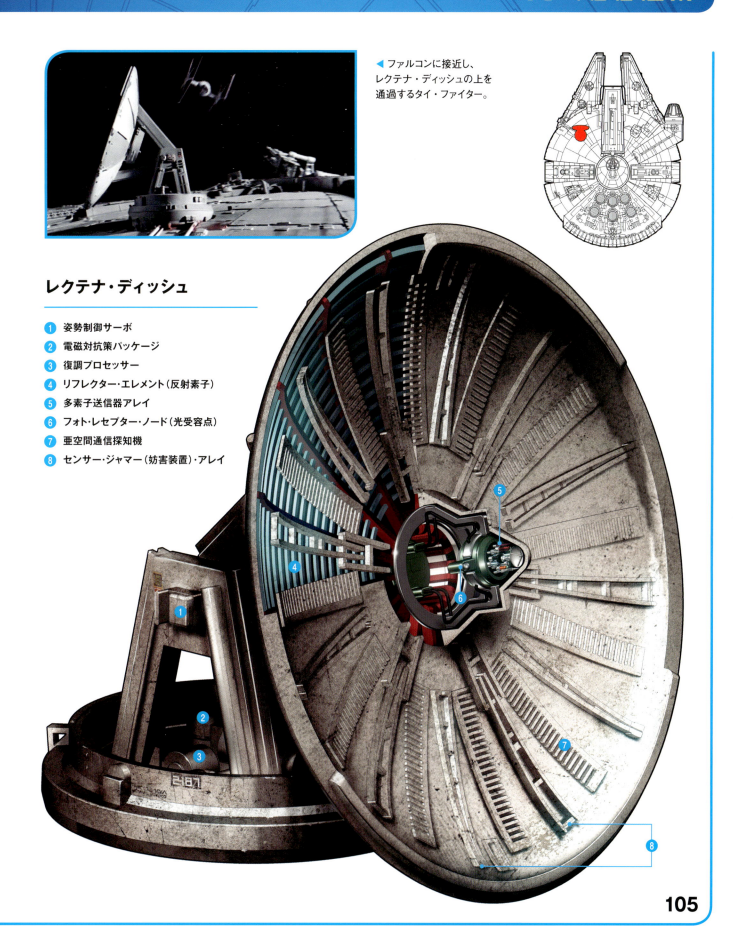

105

YT-1300のセンサー

地形センサー

　ミレニアム・ファルコンのセンサー一式には、特殊な地形追従専用センサー（TFS）も含まれている。これは音波、光、放射線データを組み合わせ、ファルコンのデータスクリーン上に詳細な地形を映しだす高性能な装置だ。TFSは分厚い雲から密林の木立まであらゆるものを貫き、潜在的危険や隠れた着陸エリアを突きとめ、ほぼ一瞬で地形画像を"描きだす"ことができる。

▶ 緊急着陸中、ファルコンのパイロットは地形追従センサーを使って障害物のない場所へと降下し、安全に着陸する

宙図にない領域

　ホスの戦いのあと、ハン・ソロは帝国軍のTIE・ファイターを回避しようと小惑星帯に飛びこんだ。追跡するTIE・ファイターのうち2機は、たちまち小惑星と激突した。ソロは尖った岩に覆われた大きめの小惑星に近づきながら、ファルコンの地形追従センサーと優れた反射神経を駆使し、大胆な操縦で残った2機のTIE・ファイターを崖のあいだの狭い隙間に誘いこんだ。その小惑星の反対側から無傷で飛びだしたのは、ファルコンだけだった。
　また、この地形追従センサーのおかげで、近くの火口に見える穴が深い洞窟だということも判明——後続の帝国軍TIE・ファイターに見つかるまえに隠れることができる理想的な場所を見つけたハンは、その洞窟に逃げこんだ。不幸にして、ファルコンの地形追従センサーは、この"洞窟"が実際は巨大な宇宙生物の口であることを見抜けなかった。この間違いに気づいたソロは、窮地を脱するには高性能センサーだけでは足りないことを実感した。

◀ ファルコンのコクピット・キャノピー越しに、洞窟内の岩とおぼしきものを見ていたハン・ソロは、まもなく、そこが実際は巨大なスペース・スラッグ（宇宙ナメクジ）の口のなかだと気づいた！

YT-1300 コレリアン貨物船

地形ディスプレイ

1. 反乱軍基地
2. 反乱同盟軍の暗号化ビーコン
3. 古代の寺院
4. ジャングルの林冠
5. 地形グリッド
6. ヤヴィン4
7. 地表データ
8. 姿勢インジケーター
9. スクリーン起動スイッチ
10. モード・セレクター

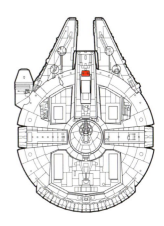

▲ 地形センサーがヤヴィン4の密林の地形を表示し、ファルコンを反乱軍の秘密基地に誘導する

　TFSは航法コンピューターと連携させれば、宙図に載っていない惑星の危険が潜むエリアを見つけることも、人口密度の高い都市の中を飛ぶルートを作成することもできる。密林のなかの空き地や氷の惑星の大洞窟を探す、あるいは雨にけむる水の惑星の島を見つけるなど、TFSには多くの使い道がある。目当てのものが一時的な隠れ場所であろうと、素早く脱出するルートであろうと、TFSがあれば必要な視覚データを入手できるのだ。

107

YT-1300のセンサー

トランスポンダー・コード

　宇宙船舶管理局（BoSS）は何千年ものあいだ、銀河の文明化された領域にあるほぼすべての艦船に関するデータの保持および管理を行なってきた。この目標を達成し、常に最新の記録を保持するため、BoSSはすべての宇宙船にトランスポンダー・コード（応答信号）を割り当てている。これは識別のために各宇宙船が継続的に送信する固有のシグナルで、船名、型式、所有者などの主要データが含まれている。亜光速エンジンに組み込まれているため、エンジンの排熱周波数のわずかな違いが、それぞれの船特有のコードを作りだす。この周波数の違いと宇宙船に関するデータが、宇宙船のエンジンに密閉されたトランスポンダー・ディレクター内で暗号化される仕組みだ。

　BoSSの職員には賄賂が効かないというもっぱらの噂だが、トランスポンダー・コードを変える方法は3つある。いちばん手っ取り早いのが、亜光速エンジンをほかの宇宙船のエンジンと交換する方法で、この場合は言うまでもなく、あまり犯罪履歴のないエンジンが望ましい。それから、既存のエンジンに偽のトランスポンダー・コードを取り付けるという手もある。この方法なら宇宙船がスキャンされても、異なる船として認識される。このふたつ目の手段はエンジンを丸ごと交換するより簡単に思えるかもしれないが、実は複雑な手順を要する作業で、値の張る偽造テクノロジーが必要なうえに、偽造が失敗すれば、偽のトランスポンダーがエンジン内部のコンポーネントを溶かしてしまう恐れがある。最後の方法はBoSSのファイルを直接改ざんすることだが、各コードの違いはほぼ解読不能であるため、これを成功させるのはきわめて難しい。

帝国軍敵味方識別応答装置

　ミレニアム・ファルコンが違法に付け加えた多くのシステムのうち、最も大胆不敵なものは、帝国軍の"敵味方識別（IFF）"トランスポンダーだろう。艦隊で広く使われているIFFシステ

◀ミレニアム・ファルコンを盗んだ泥棒は、ハン・ソロに位置を突きとめられないよう、トランスポンダーに手を加えた。だがそれも、必死の逃亡を試みる廃品回収業者がこのYT-1300で惑星ジャクーを飛び立つまでのことだった

YT-1300 コレリアン貨物船

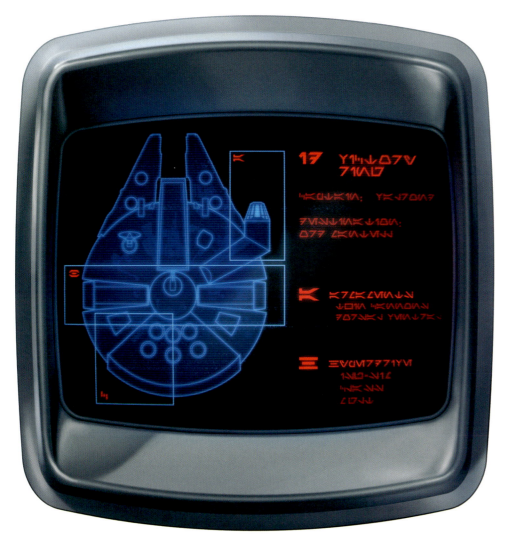

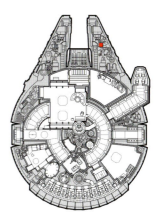

◀ オード・マンテルの任務中、帝国軍のスクリーンに表示されたのは、ファルコンの数多い偽名のひとつ、ビクトリー・リングだった

▼ 幸いにも、偽のトランスポンダー・コードのおかげで、ミレニアム・ファルコンは帝国当局に即座に正体を見破られずにすんだ

ムにより、帝国は味方の船舶と敵の船舶を区別している。この違法IFFトランスポンダーを使うと、遠方の宇宙船に気づかれる何分もまえにその船を識別できるため、ハン・ソロはファルコンを探知されないよう保険の意味も込めて、ファルコンの長距離スキャナーと併せてIFFを使っていた。

IFFトランスポンダーは、ファルコンの識別IDを偽装する役目も果たす。ソロとチューバッカはこのトランスポンダーの識別コードに手を加え、いくつもの異なるシグナルを送信し、帝国軍のスキャナーに映るファルコンをドローン・バージから帝国軍のリサーチ船まで様々な宇宙船に見せた。また、彼は何百という宇宙港に数十もの異なる船名でファルコンを登録し、ファルコンのトランスポンダーが複数のIDコードを発信するようプログラムした。噂によれば、ファルコンの偽名にはサンファイター・フランチャイズ、クロース・シェイブ、ビクトリー・リングなどが含まれていたという。

109

YT-1300 コレリアン貨物船

CREW FACILITIES
乗員用設備

『CEC YT-1300 バイヤーズ・ガイド』

　お客様を満足させるためには、操縦席の座り心地や制御装置の利便性以上のものを提供しなければなりません。また、お客様はひとりとして同じではありません。ほかの宇宙船メーカーは、総じて乗員用設備のオプションをヒューマノイドのお客様に限っていますが、コレリアン・エンジニアリング社はあらゆる種族の搭乗者に対応できる宇宙船造りをモットーに、すべてのYT-1300のオーナー様に最適なオプションを提供するため、それぞれの必要に沿った多様な乗員設備モジュールを取り揃えています。また、経済的な寝台を備えた実用性重視の乗員エリアから、輸送業界の重鎮に相応しいトランスパリスチール製ビューポートを持つ豪華キャビンまで、ありとあらゆる好みと予算に適した乗員設備モジュールもご用意しております。

　YT-1300のキャビンへは、弧を描く改造可能な通路チューブを通ってアクセスしていただけます。乗員乗客を守る緩衝材入りの通路チューブは、身長2メートルまでの様々なお客様が十分通れるスペースがあり、標準貨物コンテナを運ぶ幅もあります。当社では、積載量を増やしたいと希望する比較的小柄な乗員用のオプションとして、小さいサイズのチューブも用意していますが、それを選ぶさいには、ほとんどの商業領域では、税関職員が搭乗できる高さと広さが義務づけられていることをお忘れになりませんように。宇宙省と保安機関に問い合わせ、お客様が出かける領域の商業船のサイズ規定を確認することをお勧めします。

　乗員用キャビンのモジュールには、作り付けの寝台、座席、テーブル、収納室が含まれています。スペースを節約するため、多くの家具は平らに折り畳めるか、隔壁かデッキに収納できる仕組みです。ユニットリフレッシャーや浴槽モジュールは、乗員用キャビンに設置することも、別の場所に設置することも可能です。どのモジュールにも照明器具が作り付けられており、すべてのモジュールが貨物船の電気系統に簡単に接続できるようになっています。

　また当社では、ほとんどの人気メディアやゲーム機器と互換性のあるエンターテインメント・コンソールやテーブルを提供しています。YT-1300なら、長いハイパースペースの旅のあいだ機内ホロビデオを観る、重力ビリヤードに興じる、運動に勤しむなど、充実した設備で楽しい時間をお過ごしいただけます。

　YT-1300をご注文いただくまえに、CEC提携ディーラーに連絡を入れ、必要なものやご要望をご相談ください。中古で購入されたYT-1300にご不満の点があれば、代理店の者から変更やアップグレードのオプションを提示させていただきます。

◀ランド・カルリジアンは特注のキャビン、作り付け家具、豪華な設備で、ミレニアム・ファルコンの乗員用設備全体を改装した

乗員用設備

乗員用キャビン

　賭けに勝ってランド・カルリジアンからミレニアム・ファルコンを手に入れたハン・ソロとチューバッカは、ランドの豪勢なキャビンを復活させる代わりに、乗員用キャビンをCECの既成モジュールに戻し、カルリジアンのウォークイン・クローゼットのほとんどを、寝台の奥の偽の壁からアクセスできる秘密金庫に変えた。そのなかのひとつの棚は、チューバッカの大きな櫛専用の収納場所となっている。

　密輸は危険な職業とあって、ソロは寝台のひとつに医療スキャン・ユニットを追加した。ほとんどの医療スキャンの器具は、アサカムII医療ユニット（通称"医療ベッド"）の新モデルから回収したもので、多関節ロボット・アーム、小型ディスプレイ、インプット・パネルなどが含まれている。医療スキャンは生体スキャンのように個人の生体構造、種族、年齢、その他を調べ、ハードウェアとソフトウェアの両方を使って体の異常や健康上の問題を見つける。機能的には完全装備のシック・ベイ（病室）より劣るとはいえ、医療スキャンを使えばブラスターの火傷から深い傷跡まで、様々な怪我を診断し、治療することができる。

◀ ランド・カルリジアンはYT-1300の後部船倉に食い込む形で、自分専用のキャビンに大きなウォークイン・クローゼットを造った

YT-1300 コレリアン貨物船

乗員用キャビン

1. ハンガーパイプ
2. クローゼット
3. 収納ロッカー
4. 寝台の快適性調節装置
5. 改造した医療寝台
6. リフレッシャー
7. ハッチ
8. ハッチ・ガイド・レール
9. 機器ケース
10. 寝台（3）
11. 床格子
12. 引き出し
13. ソニック・シャワー
14. 通路リング緩衝材
15. 通路フットライト
16. 主通路
17. 強化フレームワーク

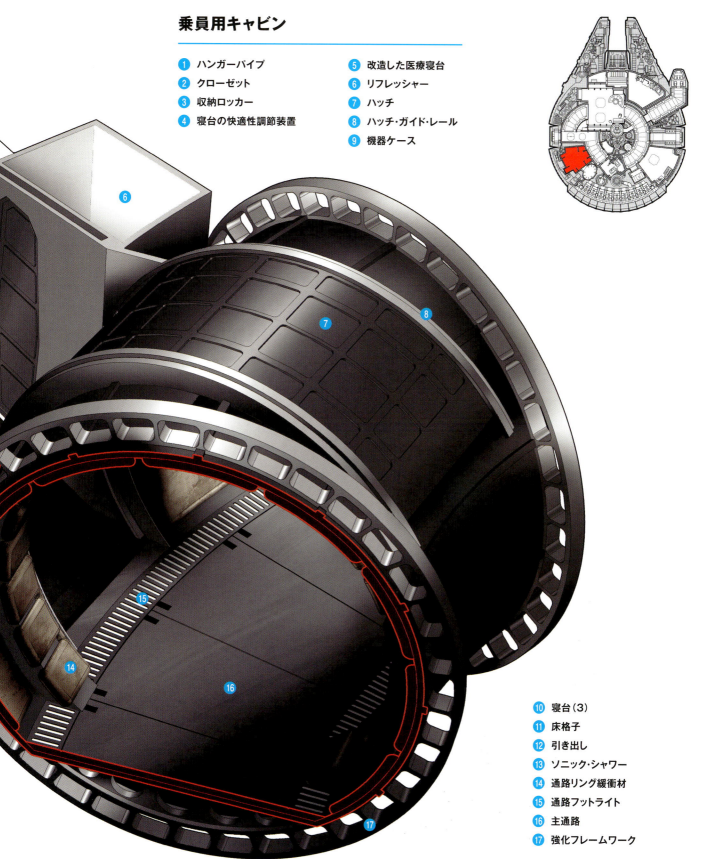

113

乗員用設備

非常設備

消火器

　ミレニアム・ファルコンには、コクピットとほぼすべてのハッチのそばに設置されている携帯型消火器のほかに、船内全体に自動消火システムが組みこまれている。どこかで火が出ると、コンピューターの指示により、加圧キャニスターが船内に戦略的に配置されたノズルから消火ガスと高膨張飛沫消火剤（ファイヤフォーム）を噴霧する。ファルコンの古さと気まぐれなコンピューター・システムのせいで、この自動消火アウトレットはときどき作動しないため、頻繁に点検が必要だ。

メド（医療）パック

　メディ＝パックとも呼ばれるメドパックは、軽い怪我の治療や、医療施設へ運ぶまで怪我人の容態を安定させるために使われる医療キットだ。ミレニアム・ファルコンのあちこちにある戸棚には、様々な薬品と標準緊急ケア・ツールであるバンドエイド、合成皮膚、バクタ・パッチ、振動メス、フレックスクランプ（伸縮自在の鉗子）などを含むメドパックが常備されている。

　打撲傷、骨折、火傷、外傷の治療に必要なものが揃ったチーワブ社製GLiS（汎用生命維持）メドパックには、患者の生命徴候をモニターする診断スキャナー、様々な治療手順を記憶したコンピューター、骨を安定させるスタビライザー、折れた骨を固定して保護するスプレー・スプリントだけでなく、出血を止める凝固剤、治癒用軟膏、火傷を治療する殺菌薬、傷跡を洗い感染症を防ぐ殺菌洗浄バルブなど標準的な薬品や備品も入っている。

　ファルコンには生体化学反応促進剤や生命維持に必要な栄養素を患者に提供する高度の合成栄養複製器が入った、軍用バイオテック・ファストフレッシュ・メドパックもある。また音波メス、レーザー焼灼器、神経および細胞再生修復剤もこのメドパックの一部だ。

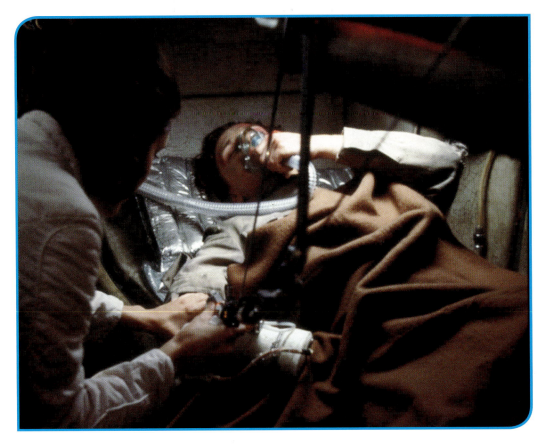

◀ GLiS 緊急メドパックのおかげで、レイアたちは、医療ドロイドの治療を受けるまでのあいだ、右手を失ったルーク・スカイウォーカーの状態を安定させることができた

YT-1300 コレリアン貨物船

呼吸マスク

　ミレニアム・ファルコンには、ガンドースラル・アトモスフェリック・ローマー（大気圏内探索用）＝６呼吸マスクが常備されている。これは、ほぼ真空状態から有毒な大気まで様々な環境で安全に呼吸できる、小型で安価な空気清浄器である。使用者の鼻と口を覆うマスクは、圧縮された空気と清浄器、危険なガスや埃の粒子などの微小汚染物質を取り除く一連のエア・スクラバーを収めたシリンダーとチューブで繋がっている。調節可能なストラップ付きで、小さなガス・フィルターはポケットに入れることもベルトに装着することも可能。マスクにはコムリンクも内蔵されている。

　呼吸マスクは完全な真空状態では役に立たず、腐食した大気から保護する機能もないが、煙を吸いこむのを防ぐ、空気感染による伝染病が広がるのを防ぐなど、多くの非常事態に役立つ。ローマー＝６は安価な割に用途が多く、効果的であるため、ほとんどの宇宙船と脱出ポッドに標準装備されている。

▲ 小惑星の深い洞窟に入ったあと、チューバッカはローマー＝６呼吸マスクをつけ、ファルコンの船体をチェックした

◀ ファルコンに乗ったフィンとレイは、有毒ガスが発生した場合に備えて呼吸マスクを着けた

乗員用設備

ホロゲーム・テーブル

　ランド・カルリジアンはミレニアム・ファルコンの主船倉にホロゲーム・テーブルを取り付けた。ラカン・インダストリーズ社製のこのホロゲーム・テーブルは、放射状の格子模様入り円形ボードで、テーブルの外縁にパワー設定、データ・モジュール挿入、パラメーター設定の制御ボタンがある。デッキに取り付けられた支えの円柱には、ホログラム発生装置が収納されている。

　ホログラム・テーブルには、学者やゲーム・ファンのあいだで起源に関する議論がいまだに続いているほど古い戦略ゲーム、デジャリックもプログラムされている。デジャリックはふたりのプレーヤーが、実在と神話の生物を取り交ぜたホロモンスターとも呼ばれるホログラムの怪獣チームを指揮して戦う

▶ ベケットとデジャリックの勝負をしたチューバッカは、ホロモンスターに魅せられたものの、まもなくこのゲームのルールに苛立ちはじめた。彼は負けるのが大嫌いなのだ！チューバッカがゲームテーブルを叩いたため、2頭のモンスター、"スクリンプ"と"バルボス"が消えてしまった

ドリンク・バー

　カルリジアンはファルコンの主船倉に特注のバーを取り付けた。そこには天然果汁、発酵ジュース、蒸留酒、植物の抽出液、様々な風変わりな飲み物のミキサーとなる炭酸飲料や揮発性液体が常備されている。

YT-1300 コレリアン貨物船

ホロゲーム・テーブル

ホログラム・クリーチャー
- A キンタン・ストライダー
- B ヌゴック
- C モノック
- D モレイトア
- E マンテリアン・セイヴリップ
- F クロアスラッグ
- G ギック
- H フージックス

1. ゲーム・ボード
2. ホログラム投射装置
3. ゲーム状況／スコア・インジケーター
4. パワー設定
5. ゲーム・モード・セレクト
6. 支柱
7. ホロ・プロセッサー
8. テーブル回転コントロール装置
9. コントロール・キー

　ゲームだ。データ・モジュールのおかげで、モンスターは静止モードにも"ライブアクション"モードにもなり、難易度も選択できる。ライブアクション・モードのホロモンスターは敵の動きに呼応して動き、毒針から原始的武器、怪力や超自然の力まで様々な手段を使って戦う。ホロモンスターは取っ組み合い、相手の手足をもぎ取り、敵を殺し、ときには敵を食べることもある。
　頑丈な造りのこのテーブルは、ゲームに使われていないときには、ふつうのテーブルとして様々な用途に役立つ。

▲ デジャリックでは、2名のプレーヤーがそれぞれ4つのコマ（ホロモンスター）を使って、敵を全滅させようと戦略的に攻撃する

117

乗員用設備

ドッキング・リング＆ハッチ

　ミレニアム・ファルコンには左舷と右舷にひとつずつ、合わせてふたつのドッキング・リングがある。YT-1300を大型艦や宇宙ステーションに結合させるときに使われるドッキング・リングは、外部マグネット・カップリング付きの密閉ハッチで、上面ハッチを使うよりも貨物をスムーズに出し入れできる。ドッキング・リングは、よほど設備の整った宇宙港にしか見られないトランスパリスチール製の乗客移動台に結合することも可能だ。リングの大きさは同じだが、左舷側のリングはふたつ目のドアに近いためエアロック・スペースが右側に比べてはるかに狭く、ほとんど使われない。

上面ハッチ

　ファルコンの左舷通路には、船体上面のハッチへ続くアクセス・ポートもある。天井から円筒形のチューブが降りると同時に床のプラットフォームが持ちあがり、ひとりの搭乗者が船殻の上部レイヤーを通り抜けることができる。そのさい、円筒形のチューブがプラットフォームに自動的に固定され、エアロックとなる。搭乗者はエアロック・ハッチを抜けて別の船のドッキング・チューブに入る。

　ファルコンの周囲に加圧大気があるときは、このハッチから上部船殻へよじ登ることもできる。ランド・カルリジアンは、クラウド・シティで帝国軍から逃げているとき、この上面ハッチを使ってルーク・スカイウォーカーをファルコンのなかに引っぱりこんだ。

ユニバーサル（汎用）・ドッキング・ハッチ

　ミレニアム・ファルコンの左舷通路の床からは、船体下面にあるユニバーサル・ドッキング・ハッチにアクセスできる。このハッチはほとんどの宇宙船や宇宙港のドッキング・リングやドッキング・チューブに固定できるが、一番役立つのは、狭苦しいハッチを持つ小型で古い輸送船とドッキングするときだろう。ハン・ソロは貨物の移動や乗船にはもっぱら右舷のドッキング・リングを使い、この下面ドッキング・ハッチはめったに使わなかった。

ドッキング・チューブ

　宇宙船どうしにドッキング・ハッチの互換性がない場合、乗員と乗客は伸縮ドッキング・チューブを使って宇宙船の間を行き来する。折り畳み式の梯子が組み込まれたこのドッキング・チューブには、燃料、液体、ガスを船から船へと移す導管が伸びている。CECは経済的な理由と安全面から、YT-1300の船体後部に船から船への燃料補給専用のアクセス・ポートを取り付け、ふたつの機能を備えたこのドッキング・チューブを利用して、燃料補給と同時に乗客が移動できるようにした。

YT-1300 コレリアン貨物船

左舷側の通路ハッチ

1. 主通路
2. 乗員用キャビンへ通じるハッチ
3. 上面ハッチ
4. 昇降プラットフォーム
5. 油圧ライン
6. 床アクセス・プレート
7. 梯子
8. ユニバーサル・ドッキング・ハッチ
9. エアロック・コントロール装置、ロックおよび解除
10. 内部エアロック・ドア
11. 外部ドア
12. ドッキング・リング

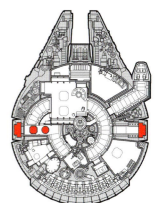

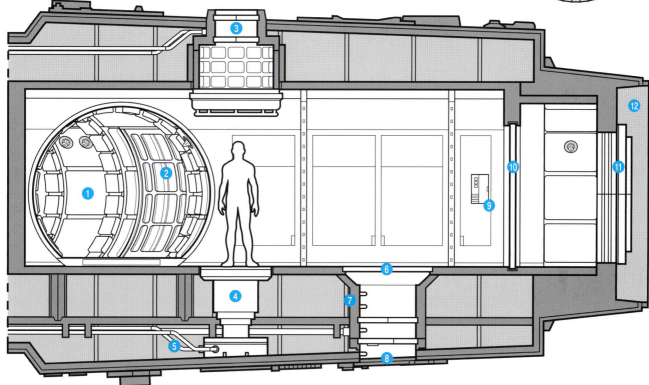

◀ ルーク・スカイウォーカーとランド・カルリジアンは、上部船殻に出るファルコンの上面ハッチを開いて外をのぞきこんだ

▶ ファルコンの乗員が、ふたつの機能を備えた搭乗チューブを使って反乱軍医療フリゲート艦から自分たちの船に戻ると、自動システムがドッキング・チューブの位置を調整し、フリゲート艦からファルコンに燃料を補給した

119

乗員用設備

搭乗ランプ

オリジナルのYT-1300f（貨物コンフィギュレーション）には、キャタピラ付き貨物ローダーやドロイドがアクセスするための、ふたつの搭乗ランプが設置されていた。左舷と右舷の突出部の下から伸びる設計のこの搭乗ランプは、YT-1300p（旅客コンフィギュレーション）のクラス6脱出ポッド2基が収納されているのと同じエリアにある。

ミレニアム・ファルコンには右舷側に油圧式の搭乗ランプがひとつしかない。この搭乗ランプは、開状態では船体中央へと上向きに傾斜し、閉状態では右舷のドッキング・リングと主通路間の通路の床となる。半円形の与圧ハッチが環状通路の天井から滑り降りて通路を密閉すると、そこが広いエアロックに変わる。通路沿いの壁に作り付けられた奥行きの浅い器具用ロッカーには、危険な大気圏内の船外活動用に環境スーツが4組、畳まれた状態で収納されている。

貨物の受け取りや引き渡しにファルコンの外で顧客と会う必要が生じた場合に備えて、ハン・ソロとチューバッカは相手が脅威かどうかを互いに知らせる合図をあらかじめ決めてあった。顧客とともに搭乗ランプに近づきながら、ソロがさりげなく"万事順調"の合図を送らなければ、コクピットで待機しているチューバッカがファルコンの火器を使って攻撃するのだ。

▲ ファルコンのチューブ型の環状通路にあるハッチからは、搭乗ランプにアクセスできる。この通路の壁には、揺れが激しい場合でも乗客の怪我を最小限に抑えるよう、緩衝材が付いている。ハッチを密閉すると、搭乗ランプ・チャンバーがエアロック代わりになる仕組みだ

秘密の仕切り（隠し部屋）

ファルコンの環状通路は、基本的には底面が平たい円形チューブで、船内のほぼどこからでもアクセスできる。ランド・カルリジアンは、スキャナーの探知できない密輸用の小部屋を7か所作り、値の張る密輸品を隠した。これらの小部屋はすべて搭乗ランプ通路と主船倉のあいだの廊下に組み込まれていた。エネルギーを吸収するプレートで覆ったばかりか、きわめて珍しい低エネルギー・センサー妨害装置を内側に取り付けたおかげで、軍用全波長トランシーバーによる至近距離のスキャンも欺くことができた。乗客や乗員がこの小部屋に隠れた場合、軍用スキャナーでさえデッキの下の生命体を探知することはできない。この小部屋は船の外殻に近いため、非常時には宇宙空間に密輸品を捨てることもできた。

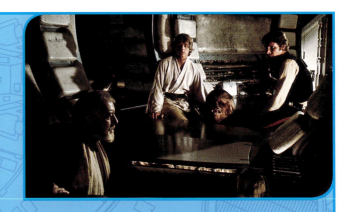

YT-1300 コレリアン貨物船

◀ デス・スターの格納庫ベイで ミレニアム・ファルコンの搭乗 ランプを見張る、帝国軍ストーム トルーパーの一隊

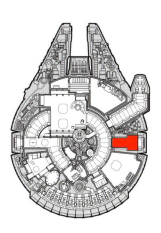

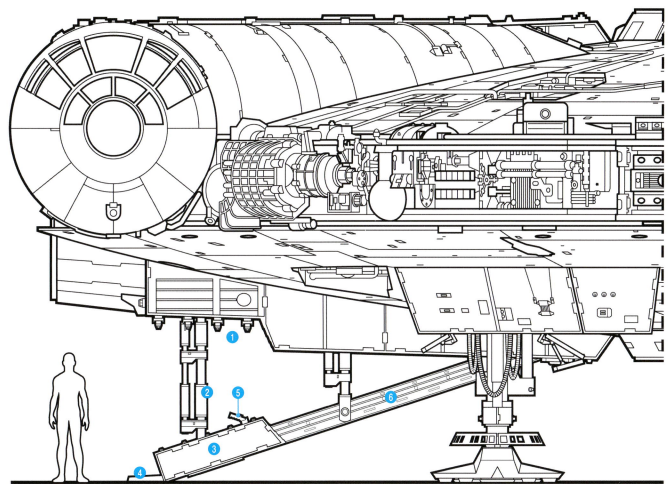

油圧式の搭乗ランプ

1. 固定ボルト
2. 油圧式アクチュエーター
3. 外殻装甲プレート
4. 折り畳み式拡張部
5. 手動コントロール装置
6. 搭乗ランプ

▲ YT-1300 のアップグレードに は、搭乗ランプを重ブラスター 銃撃に耐えうる軍用装甲プレート で覆うオプションも含まれていた

121

乗員用設備

脱出ポッド

　脱出ポッドは限られた飛行性能と操縦機能を備えた、宇宙空間を移動できる小型カプセルで、通常は非常時にすぐさまアクセスできるよう船体の要所に配置されている。乗員がポッドに乗り込むと、爆発性セパレーター・チャージが起動し、その空圧によってポッドが宇宙船から射出される。非常事態が深空間で起きた場合、脱出ポッドに乗った者は一番近い居住惑星や宇宙航路のある方向にポッドを向け、ロケットに点火し、救難ビーコンを発信する必要がある。銀河の法律では、小型戦闘機をのぞいた全宇宙船が、乗員および搭乗者のすべてを安全に避難させるのに十分なポッドを装備しなければならない。

　コレリアン・エンジニアリング社のYT-1300は、CEC製、もしくはCECの宇宙船と互換性のあるひとり用ポッドから数人乗れる救命艇まで、様々な脱出ポッドを装備できるよう設計されている。ハン・ソロが所有者となった当時、ミレニアム・ファルコンにはCEC製のクラス1脱出ポッド（乗員1名）が5機装備されていた。狭いポッドの内側は、搭乗者の怪我を防ぐため緩衝材で覆われている。クラス1ポッドの飛行制御システムはほぼ完全に自動化されているが、造り付けの小型コンソールには、キーパッド、データスクリーン、通信トランシーバーを含む基本的な制御装置が備わっている。

　データスクリーンには最も近い宇宙船や惑星、宇宙ステーション、宇宙航路などのセンサー情報が表示され、搭乗者はキーパッドを使ってポッドを特定の目的地に向けることができる。通信トランシーバーは標準通信周波数で行われている通信活動をスキャンする。搭乗者が意識を失った場合、ポッドの自動システムが救難信号を発し、搭乗者が生き残る確率が最もありそうな経路を算出する。ポッドには食料や水、サバイバル用シェルター、メドパック、呼吸マスク、グロー・ロッド、携帯通信ユニットなどの非常用品を入れた収納庫もある。

　ハン・ソロとチューバッカは、このクラス1のポッドがほかの搭乗者にはともかく自分たちにはまるで役に立たないとみなしていた。クラス1のポッドは大人のウーキーには小さすぎるうえ、ソロは相棒やファルコンを見捨てることなど想像できなかったからだ。基本的なシールド機能と限られた飛行コントロール機器しかない脱出ポッドのことを、ソロは"宇宙棺桶"と呼んでいた。

　しかし、デス・スター戦闘ステーションのトラクター・ビームに捕まったソロは、ジェダイ・ナイト、オビ＝ワン・ケノービの助言にしたがってわざと無人のポッドを射出し、帝国軍に船を捨てたと思わせた。思わぬところでこの脱出ポッドが役立ったわけである。この出来事から数十年後、チューバッカは、メガ級スター・ドレッドノート、スプレマシーにいるカイロ・レンのもとへ送り届けるため、クラス1のポッドに乗るレイに手を貸した。

◀ ミレニアム・ファルコンがハイパースペースを離脱する直前、レイは5機ある脱出ポッドのひとつに乗りこんだ

YT-1300 コレリアン貨物船

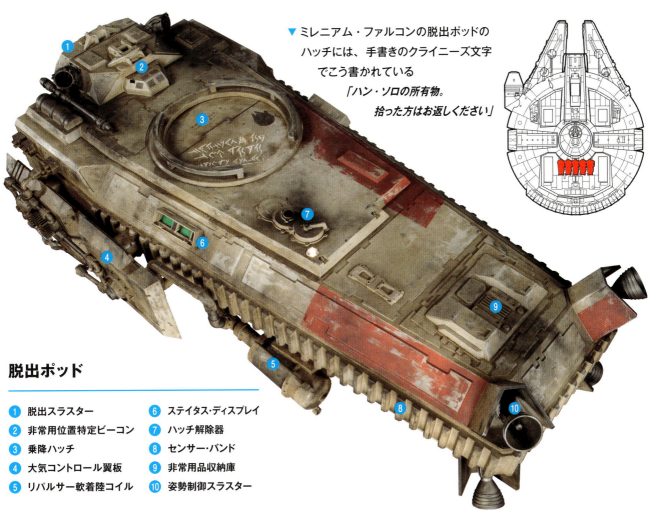

▼ミレニアム・ファルコンの脱出ポッドのハッチには、手書きのクライニーズ文字でこう書かれている
「ハン・ソロの所有物。拾った方はお返しください」

脱出ポッド

1. 脱出スラスター
2. 非常用位置特定ビーコン
3. 乗降ハッチ
4. 大気コントロール翼板
5. リパルサー軟着陸コイル
6. ステイタス・ディスプレイ
7. ハッチ解除器
8. センサー・バンド
9. 非常用品収納庫
10. 姿勢制御スラスター

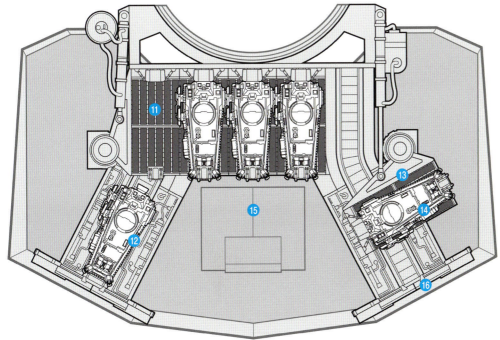

脱出ポッドの射出システム

デッキの下に取り付けられた5機の脱出ポッドは、2ケ所から射出できる。乗員はYT-1300の貨物用エレベーターを使って、射出システム・マガジンに脱出ポッドを装填する。

11. インデックス・コンベヤー
12. 射出位置に就いたポッド
13. 油圧式ターンテーブル
14. 乗船位置に就いたポッド
15. 貨物用エレベーター
16. 脱出口ドア

123

YT-1300 コレリアン貨物船

サイズ比較図

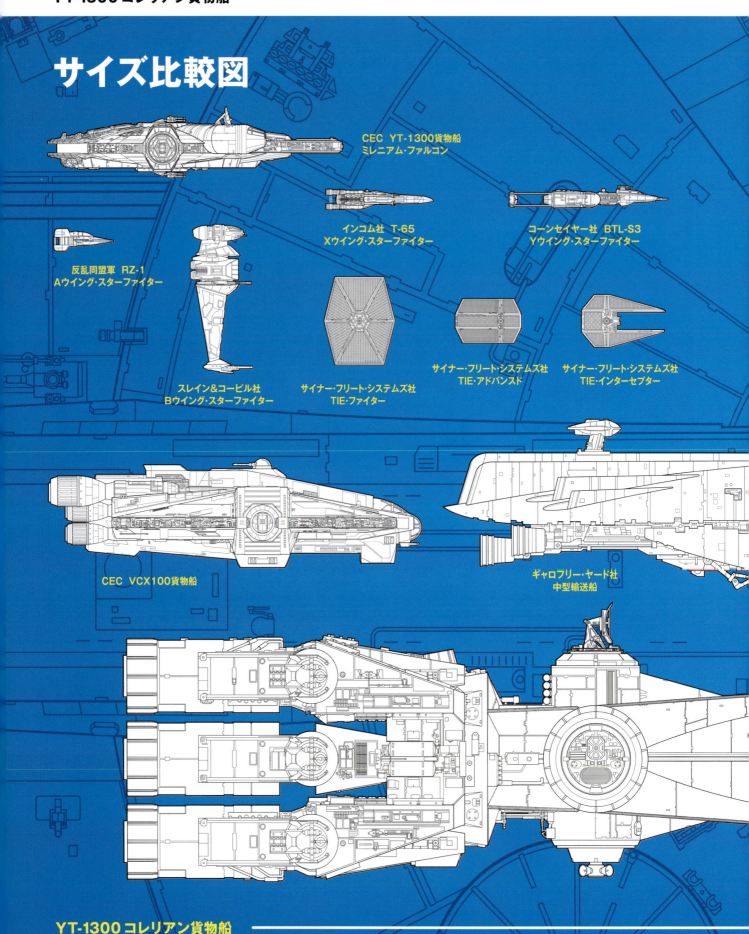

より大型な旗艦との比較

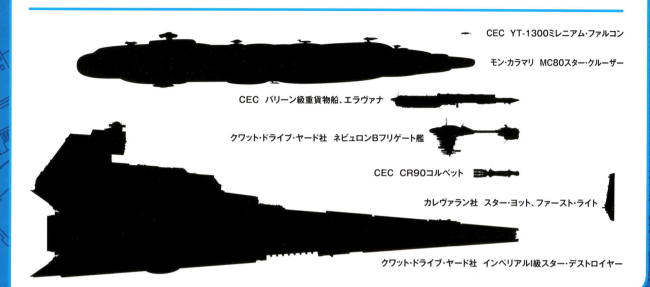

- CEC YT-1300ミレニアム・ファルコン
- モン・カラマリ MC80スター・クルーザー
- CEC バリーン級重貨物船、エラヴァナ
- クワット・ドライブ・ヤード社 ネビュロンBフリゲート艦
- CEC CR90コルベット
- カレヴァラン社 スター・ヨット、ファースト・ライト
- クワット・ドライブ・ヤード社 インペリアルI級スター・デストロイヤー

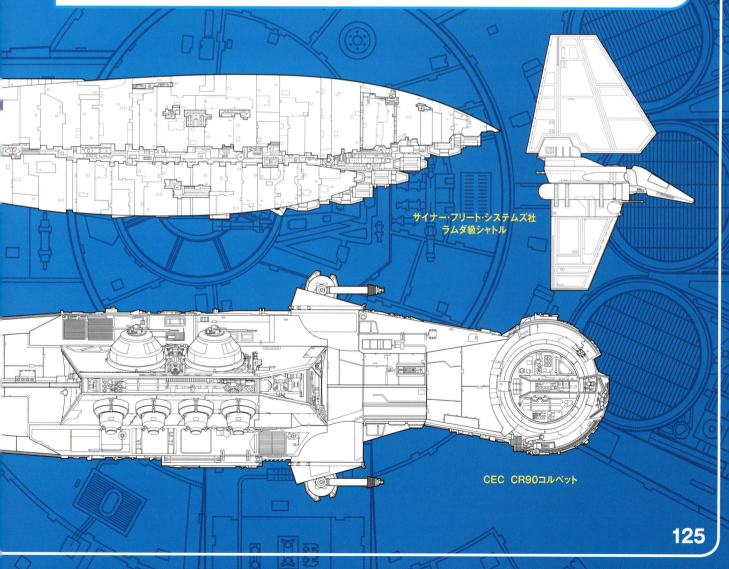

サイナー・フリート・システムズ社 ラムダ級シャトル

CEC CR90コルベット

125

謝辞 / ACKNOWLEDGMENTS

　本書で、著者とイラストレーターは、これまでに出版された数々のスター・ウォーズ関連書籍のミレニアム・ファルコンに関する情報を活用した。以下の作家およびイラストレーターに感謝する：ゲイリー・アステルフォード、W・ヘイデン・ブラックマン、ロブ・キャズウェル、リチャード・チェイスモア、ブライアン・デイリー、グレッグ・ファーシュティ、マーク・ガッバーナ、ジェフ・グラブ、ハンス・ジェンセン、シェーン・ジョンソン、ジェームズ・ルシーノ、ポール・マーフィ、トマス・M・リード、マーク・レイン＝ハーゲン、デイヴィッド・ウエスト・レイノルズ、ブライアン・ソーリオル、カーティス・サクストン、ピーター・シュウェイホファー、ビル・スラヴィセク、ビル・スミス、カーティス・スミス、オーウェン・K・C・スティーヴンス、ジョージ・ストレイトン、ポール・サドロウ、ロドニー・トンプソン、エリック・トラウトマン、レイモンド・L・ヴェラスコ、トロイ・ヴィジル、クリストファー・ウエスト、スチュワート・ウイーク。
　スター・ウォーズ映画に登場するファルコンに大きな貢献を果たしたジョージ・ルーカス、ジョン・バリー、ジョー・ジョンストン、ラルフ・マクォーリー、ローン・ピーターソン、ノーマン・レイノルズおよび彼らの同僚にも、この場を借りて感謝の意を表する。

　さらに、本書の資料集めに協力してくれた以下の人々にも、特別な感謝を捧げる：ジェフ・カーライル、ガイ・コーウェン、ティム・エフラー、シェーン・ハートリー、バリー・ジョーンズ、ブライアン・オノ、インダストリアル・ライト・アンド・マジック社（ILM）のミレニアム・ファルコン・チームのメンバー、ジェイムズ・クライン、ダン・ロブル、ジェイ・マチャド、デイヴィッド・メニー、スティーヴ・ウォルトン、そしてルーカスフィルムにおける友人たちのリーランド・チー、ヘズ・チョーバ、パブロ・ヒダルゴ、サマンサ・ホランド、マット・マーティン、マイケル・シグレイン。

▼「わかってる」——ハン・ソロ

著者・作者 / ABOUT THE TEAM

ライダー・ウィンダム

これまで70冊以上のスター・ウォーズ関連書の世に送りだしてきた（一部は共著）ライダー・ウィンダムは、『スター・ウォーズ 3D大図解 ミレニアム・ファルコン』と『スター・ウォーズ デス・スター計画』でも、クリス・リーフとクリス・トレヴァスと共同作業を行っている。ウィンダムは、スター・ウォーズ・ファンに献血を呼びかける年に一度の国際イベント、ワールド・ブラッド・ドライブの共同創立者でもある。米国ロード・アイランドに在住。

クリス・リーフ

イラストレーターおよび工業デザイナーであるクリス・リーフは、かれこれ20年以上もスター・ウォーズ関連のプロジェクトに携わってきた。最近の作品のなかには、『Star Wars: Imperial Handbook』のイラストレーションと、ハズブロ社の『Star Wars The Black Series』のパッケージ、アノヴォス・プロダクションズの製品開発も含まれている。自分で組み立てる予定の飛行機にともすれば気を散らされそうになりつつ、オハイオ州のオフィスで仕事に励む毎日。
www.chrisreiff.com

クリス・トレヴァス

クリス・トレヴァスはスター・ウォーズ宇宙で20年以上、イラスト本、ゲーム、おもちゃ、アート・プリントや、Tシャツからテーブルに置く小物まで、様々な作品を手掛けている。イラストレーターとして貢献した書籍には、『Star Wars Propaganda』や『Bounty Hunter Code』などがある。仕事場はミシガン州にある自宅のスタジオ。妻と3人の娘がいる。
www.christrevas.com

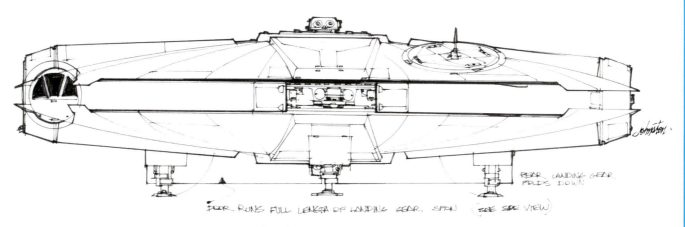

1976年にジョー・ジョンストンが描いたミレニアム・ファルコンのコンセプト画

スター・ウォーズ　YT-1300
ミレニアム・ファルコン
オーナーズ・ワークショップ・マニュアル

翻訳／Translator
富永晶子

編集／Editer
モデルグラフィックス編集部
関口コフ

Cover Design装丁、DTP ／Bookbinde and DTP
波多辺健（ハタ）

協力／Approved by
ウォルト・ディズニー・ジャパン株式会社　The Walt Disney Company(Japan)Ltd.
うさぎ出版　Usagi Publishing Co.,Ltd.

スター・ウォーズ　YT-1300
ミレニアム・ファルコン
オーナーズ・ワークショップ・マニュアル
発行日／2019年11月10日 初版第1刷
発行人／小川光二
発行所／株式会社 大日本絵画
〒101-0054 東京都千代田区神田錦町1丁目7番地
URL : http://www.kaiga.co.jp

編集人／市村 弘
企画／編集 株式会社アートボックス
〒101-0054
東京都千代田区神田錦町1丁目7番地
錦町一丁目ビル4F
URL : http://www.modelkasten.com/

Printed in Malaysia

販売に関するお問い合わせ先: 03(3294)7861 (株)大日本絵画
内容に関するお問い合わせ先: 03(6820)7000 (株)アートボックス

Publisher/Dainippon Kaiga Co., Ltd.
Kanda Nishiki-cho 1-7, Chiyoda-ku, Tokyo
101-0054 Japan
Phone 03-3294-7861
Dainippon Kaiga URL http://www.kaiga.co.jp

Editor/Artbox Co., Ltd.
Nishiki-cho 1-chome bldg., 4th Floor, Kanda
Nishiki-cho 1-7, Chiyoda-ku, Tokyo
101-0054 Japan
Phone 03-6820-7000
Artbox URL http://www.modelkasten.com/
© &TM 2019 LUCASFILM LTD.

ISBN978-4-499-23276-0
定価はカバーに表示してあります。

本誌掲載の写真、図版、イラストレーションおよび
記事等の無断転載を禁じます。

Japanese edition copyright 2019 Dainippon Kaiga Co., Ltd.